人生に行き詰まった僕は、喫茶店で答えを見つけた

珈琲文明店主
赤澤智

祥伝社

求めていた、人生の答えは、すべてここ（喫茶店）にあったんだ。

サイフォンコーヒーは人生のようだ。

透明な水が、沸騰して上へ上へとのぼっていく。
コーヒーと出合って琥珀色《こはくいろ》になる。
二度と透明には戻れないけれど、
深いコクと幸せな香りに満ちている。

「お好きな席におかけになって
メニューをご覧になってお待ちください。
この喫茶店には、あなたの人生を変える裏のメニューがございます。
人生に行き詰まっていたり
この先このままでいいのかな、と心配したり
自分の人生を自分の手で動かしたいと願うすべての人に、
おいしいコーヒーと、喫茶店流人生哲学を捧げます」

はじめに

臆病で怖がりの私が、人生で3度、本気の挑戦をしました。

1つ目の挑戦がミュージシャンとしてのメジャーデビュー、2つ目が全国的にも大きな塾の教室長&エリアマネージャー。

そして、3度目が喫茶店経営でした。

怖がりの私は、まるで喫茶店研究者のように関東一円の気になる喫茶店を訪ね歩き、喫茶店について書かれた118冊の本に目を通し、そして、「絶対に成功する、喫茶店経営術、しかも、ワンオペレーション（ワンオペ）で」を生み出そうとしたのです。

40歳を過ぎて、終《つい》の住処《すみか》ならぬ、終の仕事になるくらいの自分の居場所を探していたわけですから、失敗するわけにいきません。

こうして塾講師時代の論理的にまとめる技術を大いに活かし、まとめあげたのは、『絶対に成功するカフェづくり』……ではなく、『絶対に「失敗する」カフェづくり』というマニュアルだったのです。

結局、どれだけデータを得て、現場を回り、成功する方法を探しても、それは100%にはなりませんでした。その代わり、100%失敗する方法がわかったのでした。

なんということでしょうか。

私が追い求めていたのは、絶対に失敗しない、成功するカフェづくりだったというのに。

――ならば仕方ない。絶対に失敗する方法の真逆をやれば成功するカフェになるかもしれない。

臆病で怖がりの割に、行動力のある私は、絶対に失敗するメソッドの逆をやり、喫茶店をオープンさせ、続けてきて13年が経ちました。今改めて思うことは、これが大正解だったということです。

さらに、このメソッドを同じ夢を追い求める人に伝えていくうちに、実際に喫茶店を開く人が出てきました。そのうち、喫茶店経営以外でこのメソッドを参考にして「ワンオペ起業」を果たす人が出てきて、より再現性の高い成功術になっていることに気づきました。
今、老後の心配をする人がたくさん出てきていて、さらに、好きなことを仕事にして生きていきたい人も相変わらずたくさんいると感じています。
さらに、私と同じように40代で人生に行き詰まりを感じ、環境を変えたいと思った人であるなら、多くの人が「もう雇われたくない、雇いたくない」と思っているとも感じているのです。

だから、この本を届けたいと思いました。

誰にも雇われず、誰も雇わず、自分がやりたいことで一生食べていくための本。
それはワンオペレーションでの起業であって、実際に私がやってみたことであり、非常に再現性が高い方法でした。

この本は、私のメソッドを元に行動して、実際に夢をつかんだ人たちの実話を、フィクションという形でまとめさせていただきました。

喫茶店とは人々にとってのサードプレイスだとお伝えしてきましたが、新しい人生を思い描き、歩む際にも、特別な場所。会社でも、自宅でもない、別の場所に身を置くと、新しい自分が見えてくる。

この本もまた、誰かにとってのサードプレイスになると信じて疑いません。手にとったそのときから、きっと、あなたの物語も始まっています。

ぜひ物語の人物に伴走し、一歩踏み出す勇気にしていただけましたら、幸いです。


臆病だけど、人生をもう一度輝かせて、自由に生きたいすべての人へ。

赤澤　智

メニュー（目次）

ブックデザイン　萩原弦一郎（256）
イラスト　コンドオミユキ
ストーリー構成　MARU
校閲　乙部美帆

エピソード1

人生に行き詰まったサラリーマンと大学生

エピソード1

人生に行き詰まったサラリーマンと大学生

――家の近くに、こんな通りがあるなんて、まったく知らなかったな。

二羽信宏《ふたばのぶひろ》は、白楽《はくらく》にある六角橋《ろっかくばし》商店街をとぼとぼと歩いていた。神奈川県横浜市神奈川区に存在する商店街。闇市を起源とするだけあって、通路は細く、なんだか隔離されたような感覚になる。このような商店街は特に田舎では廃《すた》れつつあるが、六角橋のそれは健在だ。

夏の間はドッキリヤミ市場なる夜のフリーマーケットが開催されるなど、地元の人から観光客まで足を運び、賑《にぎ》わっている。

近くに住む信宏が、この商店街のことを知らないはずがないのだが、越して来てから10年間、都内に出勤し、土日も休みなく働いていた男には、近所の商店街などまったく視界に入らない存在だった。

八百屋、漬物屋、書店、かばんや、古物屋などが並び、時折、飲食店やカフェもある。

歩いていると、コーヒーの良い香りがしてきた。見ると、レトロな外観の喫茶店に『珈琲文明』という看板が掲げられている。

カランカラン。ドアを開けると、ブワッと濃いコーヒーの香りが信宏の鼻腔に迫ってくる。コーヒー好きにはたまらない感覚だ。

「いらっしゃいませ。お好きな席におかけになってメニューをご覧になってお待ちください。順番にお伺いいたします」

蝶ネクタイに黒縁メガネのマスターがそう声をかけた。

信宏はその言葉に軽くうなずいて、店内をゆっくり見回した。カウンターと、テーブル、奥には天井の低い半個室があり、その上が中2階になっていて、思ったよりも広い。まるで、商店街からどこか別の場所につながったみたいだなと思った。

カウンターの席に座り、文庫サイズの手づくりメニューに目をやる。

――文明ブレンド、白楽ブレンド……ふーん。白楽はこのエリアで、文明ブレンドは店名からきているんだな。

「ご注文はお決まりでしょうか？」

「じゃあ、文明ブレンドで」

「かしこまりました」

白シャツに蝶ネクタイという出で立ちで、カウンターの向こう側に戻り、マスターがコーヒー豆を挽《ひ》き始めた。カウンターにずらりと並ぶサイフォンがなんともフォトジェニックだ。水の入ったフラスコを火にかけて、挽いた豆を漏斗《ろうと》に入れる。沸騰したらフラスコの水が上の漏斗に上がってきて、水とコーヒー豆が出合い、琥珀色の液体へと変わった。

――水が上にのぼって、色がついて戻ってくる。色がついたら、もう透明にはなれない。なんか、まるで中年の僕みたいだな。

なんだかちょっと刹那的《せつなてき》な気持ちになった。

「お待たせいたしました。文明ブレンドです。コーヒーはサイフォンのままお渡ししますので、ご自身で注いでお飲みください。サイフォンには1・5杯の量が入っています。フラスコをカップに近づけると綺麗に注げます」

マスターがコーヒーを差し出す。

信宏はそれにも軽くうなずいただけで、さっそくフラスコを手に取り、カップに注いだ。コーヒー好きなら絶対にわかる、この、濃い香り。メニューには、スペシャルティコーヒーのブレンドだと書かれていた。

一口ゴクリ。

「……うまいな」

思わず小さな声でつぶやいた信宏は、胸の奥が熱くなるのを感じていた。同時に目頭も熱くなった。自分がどれだけ疲れているのか、どれだけ人生に行き詰まっているのか、コーヒーに見破られたような、そんな感じがしたのだ。

❖

つい半年前まで、信宏はラジオの制作会社に勤めるサラリーマンだった。

中学生のとき、ラジオにハマった。大分の田舎に住んでいた信宏に、新しい楽曲や新しい世界を次々に教えてくれたラジオ。自分でこんな世界を生み出して、発信し、誰かの「新しい世界」のきっかけになったらどれほど楽しいだろう、と、ラジオマンに憧《あこが》れた。東京の大学に進学してからは、放送研究会に入り、いっそうラジオの世界にのめり込んだ。コミュニティFMなどの企画・制作、脚本などを手掛けているうちに、ある制作会社でアルバイトをすることに。卒業後、そのまま採用された形だったから、就職活動とも無縁。サラリーマンではあったが、その道一本でやってきたいわば職人だった。

自分の企画で番組を制作できる立場にいて、それはそれで充実はしていた。しかし、業界の昼夜問わない仕事の仕方が、40歳になると身に堪《こた》え、充実していると言えなくなってきたのも事実だった。仕事も上り詰めたとまではいかないまでも、思っていた以上の結果を出せた面もあって、さらにここから先、やりたいことが見つからなくなってきていた。

「夢はかなえてみたものの、行き場がない感じがする」

と言うと、贅沢《ぜいたく》な悩みかもしれない。

しかし、どんなに若い頃焦《こ》がれた仕事であっても、年齢を重ねれば、野望を持ってその世界の頂点を目指す期間が終わり、自分自身の人生の充実度や心の豊さを求める時期がやってくるものだ。

信宏も、20代の頃と今とでは明らかに変わってしまったのだ。20年もやると、そこから先の人生が憂《うれ》いて見えるのは事実だった。

食べていくことだけを考えるのなら、経験を積んだ業界で生きていくのが無難だろう。そして、多くの人が改めて慣れ親しんだ同じ道を選び直すのかもしれない。しかし、体力的に考えてあと20年続けていくことは、とても考えられなかった。

だから、思い切って会社を辞めた。

これからは、自分ですべてコントロールできる仕事で、定年もなく、日々豊かさを感じられるような仕事がしたかった。あまりの忙しさに、家庭をつくることも考えてこなかったから、これからは人生を一緒に歩むパートナーも欲しい。

そこで選んだ仕事が、飲食業でフランチャイズ経営を目指しての、大手の寿司屋に就職。しかし、こちらもまた、あまりにもブラックで、すぐに音《ね》をあげた。

そうすると、突然、人生の行き場がなくなった。

もしかすると、サラリーマンの人から言わせたら「そうらみろ」「夢ばっかり追いかけてきたからだ」という状況かもしれない。我慢してでも組織の中にいた方が、安心できるという考えも、わからなくもないと思った。ちょっと特殊な仕事をしていて、現場を仕切り、番組を仕切っていても、自分は結局ずっと会社員だったのだ。だけど、会社員ほど組織の一員としての意識を持って取り組んでいたわけではない。

そうなってくると、ここからまた組織の一員として働くことが、選べるとはとても思えないのだ。

そのことが、今はもう十分にわかっている。

しかし、ここで業界に戻るのも、息苦しさを感じるのは確か。

そういうわけで、ここ1カ月は何もする気にならず、逆境を乗り越えるバイタリティが戻ってくるのを待っているのだ。そのために、ただボーッと過ごす気持ちにもなれず、夜は都内に出て、データ処理の日雇いの仕事をしている。今日もこれから、空いた上り電車に乗ることを考えるだけで憂鬱《ゆううつ》な気持ちになっていた。

静かな絶望感。居場所のない感覚。

隙間の開いた心に、滲《し》み入るようにして、琥珀色の飲み物と香りが信宏の体内に入ってきた。

――そういえば、どんなに忙しいときも、コーヒーを淹《い》れて飲むときだけは、幸せな気持ちになれたっけ。

改めて、店内を見回すと、すごく賑わっている。そして、一見さんが入りにくい喫茶店とも違い、初めて来たように見える人、きっと常連だけど、いつも静かに自分の憩いの場所としてここを使っているであろう人が大勢いて、賑わいつつも、喫茶店の品格を保っているように思えた。

店内に置いてある雑誌には、軒並み、この店が紹介されていて、どうやら、信宏が知らないだけで割と知名度の高い店なのだとわかってきた。そこに置いてある冊子が目に留まった。

『必ず「失敗」するカフェづくり』

ラジオディレクターの血が騒いだのか、思わず、冊子を手に取りページをめくる。

そこには、珈琲文明のマスターが、脱サラしてこの店を立ち上げるまでの経験から得たノウハウと、続けていくための秘訣が非常にわかりやすくまとめられていた。

まさに、信宏のように人生に行き詰まった中年が、どうやってそこから抜け出して、どう新たな夢を模索し、かなえ、豊かな人生を得ればいいのか。そのすべてが書かれた虎の巻のようであった。夢中で読んで、ふと顔を上げると、店にはもう誰もいなくなっていた。

「マスター、これ」

「はい」

「これは、まるで人生の教科書ですね」

信宏がそう言うとマスターがニコリと笑って、「ありがとうございます」と言った。

「それで、あの、私。

こ、この店で働かせてください！

お給料とかいりませんから！

私も、このメソッドを使って、喫茶店を出したいのです……って、え」

口から出た言葉に、信宏自身が驚いた。

――何を言ってるんだ僕は。今まで、喫茶店をやりたいなんて思ったこともなかったじゃないか。

そう思いはするが、湧き上がる思いがもう止まらなくなっていた。

「さっき、サイフォンで淹《い》れるコーヒーを見ていたら、なんだか、年齢を重ねた人間みたいだなって思ったんです。透明な水が、上にのぼっていって、コーヒーに出合ったら、黒くなって下に落ちる。でも……」

「でも」

そこでマスターが言葉を引き取った。

「そう。色合いが濃くて深くて、香り高い。まさに、人生みたいでしょ？」

「ええ、本当に」

信宏は、じわじわと目頭が熱くなるのを感じた。

この冊子と、この店に、大きな希望を見出《みいだ》した信宏だった。

それは、ラジオディレクターで培《つちか》った、人の生き方を見抜く能力であり、確固たる感覚で、信宏が何よりもこれまで信じてきたものだった。

「で、それで」と前のめりになる信宏。

「それで、ですが、店は、その冊子にも書いてある通り、ワンオペレーションでハンドリングできるように整ってるので、残念ながらお雇いするのは難しいのです」とマスター。

「そ、そうですか」

「ですが、私にお伝えできることなら、すべてお伝えしますよ。どんなことでも、すべて、包み隠さずお伝えします。喫茶店経営について、ワンオペレーションで、さらに自営業で働いていくことについて。私の経験をすべて」

「それ！　私も一緒に聞いてもいいですか？」

中2階の席から、突然声がした。

「え？　あ！」

「ああ、実里《みのり》さん」

中2階を見上げると、そこには、若い女性が立ち上がって上からこちらを覗き込んでいた。常連客の大学生、牧野実里だ。どうやらずっと信宏とマスターの話を聞いていたようだった。そして、慌てて荷物をまとめて、半ば転がり落ちてくるかのような勢いで階段を降りてきて「私もその話が聞きたい」と言った。

「いいですよ。私の経験が皆さんのお役に立つのなら何でもお話ししましょう」

マスターは改めて、赤澤智と名乗った。

❖

「もし、あなたが今やりたいことが、喫茶店を自分で立ち上げて、ワンオペで経営していくことなのであれば、ぜひ、これからお伝えするメソッドを再現して、オープンにこぎつけてください。私がお伝えするメソッドは再現性が高く、しかも、長く続けていけるように未来を見据えています。

そしてこのメソッドは、喫茶店経営だけでなく、私が長年、大手塾を運営する企業で、教室長兼エリアマネージャーをしながら、受験を前にした小中高校生と向き合いながら、経営に携わった経験を喫茶店経営に活かしてたどり着いたものです。

さらには、メジャーを目指して取り組んだバンド活動の中でつかんだ『本当にやりたいことを一生続ける方法』でもあります。

喫茶店経営以外の個人事業、フリーランスの仕事の経営にも活用できる内容であり、終身雇用が終わり、人生100年時代になった現在の日本に合った、雇われない、雇わない生き方の指標にもなるはずです。

これまで、『やりたいけれどやらずにいた何か』がある人はもちろん、老後の不安を抱えている人、人生に行き詰まりを感じているならばぜひご活用ください。時に塾講師のように論理的に丁寧に、時にロックンローラーのように暑苦しく、背中を押させていただきます。

そして、やりたいことが見つからない、という人にもぜひご活用いただければと思います。大学へ行って、自分を雇ってくれる会社に就職する以外の新しい生き方が、見つかるかもしれません」

❖

階段から降りてきた実里がカウンターに座り、信宏と横並びになって、赤澤に向き合った。

赤澤はちょっと考えるように目を宙に泳がせてから、「うん」とうなずいた。

まるで、塾の先生が授業を始める前のルーティーンのようにも見えて、実里は思わず笑ってしまった。

「信宏さんは喫茶店を出したいと」

信宏は、そこで堰《せき》を切ったように、自分の今の思いを吐き出していた。やりたいことをやってきたと思っていたが、今になって、人生の行き詰まりを感じていること。自営を目指してみたものの、うまくいかず、辞めてみて初めてサラリーマンとして守られていたことを実感したこと。老後のことも気になりつつ、一生働ける環境が欲しいことなど。

「わかりました。そして実里さんは？　なぜ私たちの話を聞いて、興味を持ったんですか？」

「私は、今大学4年生です。就職は決まっていて、来年の春から都内のイベント会社で経理の仕事をします。だけど、何のために働くのか、よくわからなくて。それなりに、大学には進学したし、就職活動で内定をもらえたところに決めただけで。だけど、

を引き取った。

「くすぶってるって感じかな」と、自分の大学時代を思い出したように、信宏が言葉
なんだか、こう……」

「そう、そうなんです。なんだか、これでいいのかなあって。そしたら、喫茶店開業のメソッドのお話が聞こえてきたから、耳がダンボになってしまって。私の人生にも、何か、ヒントがある気がしたのです」

赤澤は軽くうなずいて、こう言った。

「これは、なかなか面白い状況ですね。年齢を重ねた人間がひとまずたどり着いた世界がどう見えるのかを若い世代に伝え、逆に、我々がもう忘れている初々《ういうい》しい情熱を、実里さんに見せてもらえる。実里さんには信宏さんのように、一度何かをかなえた人間が抱える行き詰まりなんて想像もつかないでしょうし、実際、信宏さんは実里さんの持っている不確かさが行き着く先が何なのかもなんとなくご存知でしょう。逆に、ただただ純粋にやりたいことを探す気持ちというのは、私にも、信宏さんにも、遠い昔の感覚ですから、お互いの思いと見える世界を伝え合うことで、よい刺激になりそ

うですね」

「確かに、これは異文化交流でもありますね」と信宏もうなずいた。

ふらりとここへ入ってきたさっきまでの失望感など、微塵《みじん》も感じさせないくらい、目が輝いている。

「起業塾みたいですね！」

実里も、人生の大先輩たちの話が聞けることに高揚しているようだった。

「では、時折、この場所で、お店が閉まったあとに、僕の体験やワンオペメソッドをお伝えしたいと思いますがよろしいですか？」

「ぜひ！」

「ぜひとも！」

なんだか面白いことになってきたぞ、と、3者はこれから起きる人生の化学反応を思って胸を躍らせていた。

マスターの授業1

自分を100万人に1人の逸材にする授業

やりたいことの見つけ方

さて、では、まずは人生の目標の見つけ方、やりたいことについて考えてみましょうか。

まず、現実的な視点でやってみてほしいことがあります。

それは、自分の中に蓄積された「1万時間」を探してみること。

人生を賭けたいと思うほどハマったことがないにせよ、これまで生きてきたということは、生きてきただけの時間を、何かに使ってきたわけですから、その「何かしら」の中に1万時間を超える経験が潜んでいないかどうかを探ってみてください。

人間は、何かを習得するのに1万時間を要すると言われています。

これは、英国生まれの元新聞記者、マルコム・グラッドウェル氏が提唱した「1万時間の法則」と呼ばれているもので、今では多くの経営者がこの理論を自分の経験を交えながら伝えています。私もこの意見に大賛成です。

この1万時間というのは、根詰めて毎日9時間を費やせば3年で到達します。石の上にも3年というのはよく言ったもので、昔から、人が何かを習得するために必要な時間数は変わらないのかもしれません。ちなみに、この1万時間ですが、週休2日のフルタイムの仕事であれば5年弱になります。そう、仕事をしていて「経験者」と扱われる年数ですよね。つまり、1万時間を費やしたら、専門性のある経験者であると言えますし、100人に1人の人材になれるわけです。

これは、まず、40代のサラリーマンであれば、絶対に、1つは持っていることです。今やっている仕事かもしれませんし、以前の仕事かもしれませんが、毎日3年以上続けていればそれは専門性を持っていると言えるくらいに経験を積んでいるということ。毎日でなくとも、10年かけて到達したこともあるかもしれません。

細々とでも続けてきたことは、自分がさほど重要だと思っていなくても絶対に強みになります。自分がやりたいことに直結していなくても、役立つことは確かです。

逆に、20代であれば、大学のサークルで4年間頑張ったことや、中・高時代の部活動、受験勉強もある意味この1万時間に含まれます。飽き性で、続けたことがないという人は、今までの人生でやってきたことで1万時間に一番近いものを探してみてください。幼い頃通ったピアノ教室や、習い事など「1万時間はないけれど、数千時間にはなっているかも」ということであったり、「入社した会社での経験は、まだ、3年だけど、あと1年いれば1万時間にはなる」ということであったり、何かしら、それなりに時間を費やしたことが武器になると思って、自分のことを振り返ってみてください。

もちろん、1万時間なんかかけなくても天才的能力に愛された人もいれば、1万時間以上費やしても必ずプロになれるとは限りません。ただし、1万時間をかければそこそこ仕事になるくらいのレベルにはなっているし、1万時間もかけたことを3つ揃えることで、100人に1人×3で100万人に1人の逸材になることができます。

３つの１万時間計画

これまでの１万時間に加えて、喫茶店経営を目指す人は喫茶店を３つ目の１万時間にすべく、これから動いていくことを考えていきましょう。

喫茶店以外の道を目指す人も、その道でまず１万時間を目指すための準備をして行動していくこと。そうすれば、３つの経験があなたを１００万人に１人の人材にし、「この人しかいない」という域に押し上げてくれるのです。

これも、経営者の中ではよく言われていることですが、実際にこれができている人が少ない。

というよりも、自分の中にある３つの１万時間に気づいていない人が多い、ということかもしれません。

自分が「いや、ただ働いてきただけだから」「趣味でハマっただけだから」と、さほど能力と感じていないことでもまったくかまいません。

たとえば、それが、専業主婦であっても、育児や家事に費やした１万時間と会社員時代にやっていた旅行会社と、喫茶店が重なったとき、子どもを連れた旅のプランが立てられる喫茶店……みたいな可能性が生まれるわけです。

私の場合の３つの１万時間は、10代20代に人生をかけた音楽活動と、30代を費やした塾講師、そして、13年目を迎えるこの珈琲文明での喫茶店経営の経験です。

現在、月に１度、閉店後にアコースティックギターと歌でライヴを開催したり、喫茶店の立ち上げ方の授業を行ったりしています。これは、音楽活動や塾講師の経験が今に役に立っているということ。

この三種の神器を持てたおかげで、さまざまな取材依頼が来るようになりましたし、お客様の数も増えました。

よく人生での成功や道について語るとき、「人生での経験は必ずあとで生きる」「すべて１本につながった」と言う方がいますが、これは、人生の半ばで方向チェンジした人にこそ言えること。もちろん１つの道を突き詰めて究めた人の人生は美しく、尊いと思いますが、若かりし頃選んだ職種が、道を全うしていける職種とは限りません。

たとえば、プロのスポーツ選手であったり、立ちっぱなしの美容師さんであったり、現場に立つ年齢について考える時期がある業種ってありますよね。

私自身、塾の講師という仕事は、やりがいを感じてこそいましたが「おじいちゃんになってまで続ける仕事ではない」と最初から感じていました。独特の若さと情熱のほとばしる空間には、やはり、それなりの若さと情熱が必要であったりする。もちろん、おじいちゃん先生はいましたし、人気もありましたが、私自身はそうなっていく未来が考えられませんでした。信宏さんの年代はまさに、ある程度の経験を積んだ人が、業界や環境を変えたいと思う時期だと思います。

ですから「今さら新しいことを何か始めるなんて」という言葉はナンセンスです。むしろ、今だから3つの宝を持って挑めるのだと考えを切り替えてみてください。

逆に、実里さんの年齢で、40代になったときのことを考えて動こうとすると、選択肢が狭まります。そして、今お伝えした環境を変えたいと思う時期というのは、それなりに何かを突き詰めてきた人が、その経験を持って新たなステージへ行く、という意味でもありますから、若い頃は、真っ直ぐにやりたいことを追いかけることを私はあえてお勧めしたいのです。

やりたいことは職業名で考えない

それからもう1つ、「好きなこと」「やりたいこと」探しで、迷ってしまっている人、就職活動を前にして自分にどのような仕事が向いているのかわからずに悩んでいる人、1つの仕事をある程度の年月かけて究めては見たものの、今はもう「何か違う」と感じている人、そのすべての人に考えてみて欲しいことがあります。

「好きなことを仕事にする」

それは、あなたにとってどのようなものでしょうか。

パッと思い浮かぶとしたら、何かの職業名ではないでしょうか。

やりたい職業であれば、作家の村上龍氏が書かれた『13歳のハローワーク』（幻冬舎）という書籍を見れば、世の中にどんな仕事があるのか図鑑のように確認したり、自分が何に向いているのかカタログのように選んでみたりすることはできるでしょう。

しかしながら、同じ職業名でも、仕事は千差万別。そして、職業名で目標を決めると、ある落とし穴に落ちてしまいがちです。

たとえば、子どもが「大人になったら何になりたい？」と聞かれたときに、「ピアノの先生」とか、無邪気に答えますよね。これはとても微笑《ほほえ》ましいし、大人としては応援してあげたくなりますが、実際に応援することになったとして、もちろんまずはピアノを習わせればいいかもしれません。ところが、ある程度上達してきたときに、その肩書だけではなかなか道筋をつけづらくなります。

ピアノの先生を目指すということは、個人で教室を開くことかもしれないし、学校で音楽の先生になることかもしれません。また、「ピアノを弾く人になりたい」という意味で、ピアノの先生と答えたのだとしたら、夢は、先生ではなくピアニストになります。そうすると、習わせる先生のレベルも考えていく……というようなことになるでしょう。

これは、勉強でも同じことです。

私が以前勤めていた塾という業界を例にお伝えするとしたら、少々前になりますが、大ヒットした書籍に坪田《つぼた》信貴《のぶたか》氏の『学年ビリのギャルが1年で偏差値を40上げて慶應大学に現役合格した話』（KADOKAWA）というのがありました。

この本の中で主人公は、先生に促されるように慶應義塾大学への挑戦を決めますが、それは、先生が「モデルや女子アナになれる可能性が高まるし、玉の輿《こし》も夢ではない」と主人公に話したことから主人公が持った目標です。純粋に、華やかさに憧れて、勉強を始めるわけです。そう、偏差値で行ける大学を選ぶのではなく、その先に待っている生活に焦点を当てたわけですね。

もちろん、大学に入学したらそれはそれで、そこが人生のゴールでなかったと気づくわけですが、勉強する動機づけとしては十分でしょう。

同じく「やりたいことを仕事にする」と決めるのであれば、その「やりたいこと」は、会社名や職業名、年収ではなく、ましてや、今の自分にだったらできる枠の中で考えるのでもなく、「どんなことをして生きていきたいのか」「その仕事をしている自分の日常」に光が当たっている必要があると思うのです。

これは、婚活とも似ていると言えるかもしれません。「結婚したい」が目標になってしまうと、自分がどのような生き方をしたいのか、どのような人と生きていきたいのか、が突然わからなくなってしまいます。目的を決めるとき多くの人が周囲の目や評価を求めていることが多いのです。

「親もうるさいしそろそろ結婚したい」

「アパレル業界に就職したら一目置《いちもく》かれるかな」

このような地点から動き出すと、最初はもちろん頑張れるかもしれませんが、他人目線の目標設定は結局心からの「やりたいこと」ではないため、人生を豊かにしてくれないことが多いのです。

ですから、目標を決めるときは、それがかなったときに、どういう人と一緒に人生を歩んでいくのか、何をして食べていけたら人生が充実して、幸せを感じられるのか、という視点が非常に重要になってきます。

信宏と実里の一歩1

3つの1万時間がやりたいことを見つけてくれる

信宏が見つけたカフェの構想

――「1万時間の強み」ねえ。

珈琲文明からの帰り道、六角橋の商店街を駅に向かって歩きながら、信宏は赤澤から教えてもらった1万時間について考えていた。

ラジオディレクターとして働いた20年間は確かに、僕にとっての最初の1万時間をクリアしたことではあるが、それがこれからの人生に活きるとは考えてもみなかった。

さらに、それ以外に何か、1万時間を達成したものがあっただろうか。ラジオの仕事を辞めてからは、日雇いで食いつないできたから技術や経験にはなっていないように思える。

――「趣味やハマったこと、学生時代にやってきたことでもいい」と、マスターが言っていたなあ。

日雇いの仕事をするために東京都内に向かう電車に乗り、信宏はいつものようにiPhoneで、音楽を聴き始めた。イギリスの楽団ペンギン・カフェ・オーケストラだ。昔から好きで、いつもこればかり聴いているのだが、まったく飽きないし、その魅力なら何時間でも語れるほどにハマった音楽だ。

――あれ、待てよ。もしかして、これも1万時間の強みになる？

家にいるとき、電車での通勤の行き帰り、いつも聴いていたから、この10年でもしかしたら1万時間くらいは聴いているかもしれない。

――となると、あとは、カフェ経営の1万時間で、3つの強みになるな。

ラジオの経験とペンギン・カフェ・オーケストラ、それにカフェの1万時間をこれから追加するとして、総合して考えられるのは、ラジオの公開放送が可能で、ペンギン・カフェ・オーケストラの曲が流れるカフェというのはどうだろうか。

今までの経験や好きなことが、未来に活きる。

――これがもし、本当に実現できたら、過去の1つひとつが全部、幸せな記憶にしかならないじゃないか。

なんだか楽しくなってしまった信宏は、電車の中で、ほくそ笑むのを堪《こら》えた。そしてその日は、日雇いの仕事も嫌な気持ちにはならず、とても捗《はかど》るのだった。

実里に芽生えた未来の種

それから数日、実里は、自分の部屋で考え事をしていた。

「信宏さんは人生経験もあって、自分のやりたことを一度実現してもいるし、1万時間なんてたくさん持ってそうだけどさあ。何も考えずに大学4年生まできてしまった私に、何の強みがあるっていうんだろう」

思わずため息が出る。

やりたいことに向かって邁進する人生に憧れる。

きっと、やりたいことが見つかれば頑張る人間なのだと思う。

でも、現実に待っているのは、来年からの社会人生活だ。やりたい仕事とは言えないけれど、それなりに堅実な、経理の仕事。商学部で、簿記の資格を取ったからというだけで、夢に溢れた仕事探しではなかった。

――もし、1万時間、3年間、経理の仕事を続けたとして、私は、どこかにたどり着けるのだろうか。なんとなく、今の彼と結婚して、どこかで仕事を辞めちゃったりして……憧れていたのは生きがいのある仕事を一生続けていくことだったのだけど。

結局、何も見つからなかったなあ。

「ちょっとちょっと！　しんみりしてないで、こんなときこそカフェに行こう！」

自分を励ますように、上着をとって家を飛び出し、近所のカフェにやってきた。

ハードカバーの猫の絵の表紙のノートを広げ、思いつくことを書き記してみる。

これまで続けてきたことといえば、幼稚園の頃から中学生まで続けたピアノ、中学時代の部活のバスケットボール。

――うーん、弱いなあ。

大学ではずっと、ジャーナリズム研究会に所属していて、キャンパスマガジンの編集や執筆をしてきた。文章を書くのが好き。それから、無類のカフェ好き。

――そういえば、中学時代はライトノベルを書いて、ラノベ大賞に応募していたっけ。箸にも棒にもかからなかったけど、書くことはいつも好きだったなあ。

実里は、ノートに書いた「カフェ」「文章を書くこと」という部分に丸をつけてみた。

――1万時間に近くて心が躍るといえば、カフェめぐりと、文章を書くこと。これが2つの1万時間に到達したとして、もしこのまま、経理の仕事で社会人経験を3年積んだら何になれるだろう。

しばらく考えてから、実里はノートにこう書き出した。

〈カフェに詳しいジャーナリスト、経理できます〉

書いてみてあることに気づく。

――経理は、ただ簿記の資格があったから選んだだけだ。これはマスターが言っていた「周囲の目から選択した職業」であって、偏差値から学校を選ぶようなものだなあ。やりたいことかと聞かれると違う気がする。それにもともとはそれほど数字に強くもない私が、経理の仕事を本当に1万時間やる？

自分にそう問いかけてみると、答えはすんなりNOだった。

他に得意なこと、続けたことが何なのかを考えてみる。

いつか、海外で暮らしたいと思い、英語の勉強だけはずっと頑張ってきた。中学・高校・大学で英語を学んだ時間、英会話のレッスン、TOEICの勉強、と考えると1万時間を超えていて、楽しいと思えるのはこちらの方だ。ただ、大学時代に、帰国子女や留学した人たちへのコンプレックスを持ってしまい、苦手意識を持ってしまった。とはいえ、英語で世界中の人とつながるのは、本当にエキサイティングなことで、大学に入ってからは外国人観光ボランティアなどをやっていた。

「好きなことで書き出すなら、やっぱり、カフェに詳しいフリーライター、ニューヨーク在住、日本と行ったり来たりしながら、記事を書く」

――ああ、こっちの方がしっくり来るんだなあ。それに、ワクワクする。だけど、こんな壮大な夢が、今からの方向転換でかなうんだろうか。

実里は、信宏とは逆に、なんだか心許《こころもと》ない気持ちになった。

赤澤メソッドまとめ

1

これまでの人生で、
1万時間を使った3つのことについて考えてみること。
それは、これからの人生の武器になり、
あなたを100万人に1人の逸材に押し上げてくれる。

エピソード2

動き出すときに必要なこと

エピソード2

動き出すときに必要なこと

「というわけで、改めて、内定をいただいた仕事をするのか、3つの柱に向けて走り出すのか、迷っているのですけども……」

赤澤のスペシャル授業が始まってから、ほぼ毎日のように珈琲文明を訪れるようになった信宏と実里。実里がカウンター席で隣の信宏にそう相談すると、信宏は嬉しそうに笑った。

「それってさ、自分の中ではもう答えが出ているんだよね」

「そ、そうなのかな」

「そうだよ。だけど、思う道を進もうとするときって、勇気がいるよね」

まるで、若かりし頃の自分を思い出しているかのように信宏がそう言った。

「はい。大学を卒業して、自分を雇ってくれる会社に入って、そこそこ働いたら、今の彼と結婚して……なんだか、当たり前のようにそう思っていたので。信宏さんはだって、ラジオに魅せられて大学時代に働いた制作会社にそのまま就職して、そのまま突っ走って、ディレクターになったわけでしょう？　私からすると、夢をかなえた人って感じ。マスターも、ミュージシャンでもあるわけだし」

「ああ、そうだね。それはきっと間違いないけれど、今はきっと耳に入ってこないだろうけど、20代の頃のガムシャラさを超えて、30代である程度やりたいことが形になったら、40代、このままでいいんだろうかと思う時期があるんだよ。それはきっと、夢を追いかけた人も、そうではない人も、同じなのではないかと思う。人生半分生きて、あと半分。これからどうやって生きていくのかを、考えるわけだ」

信宏は、そう言ってコーヒーを一口飲んだ。

「なんとも実感し難いです」と、実里が笑う。

「うん、わからないし、わからなくていい。よくさ、おじいさんやおばあさんが、子どもだった僕たちにこう言ってなかった？　『今が一番いい時期よね』って、そして、お父さんやお母さんは、思春期で大失恋した子どもを見ながら『今が一番いい時期よね』って見ていたりするわけだよ。そうやって『あの頃は良かったなあ』なんて思う。それは多分、『あのとき、もっとやりたいことに打ち込んでおけばよかった』とか『好きな人に告白しておけばよかった』とか『勉強しておけばよかった』っていう思いがあったりするからなのだけど、それって、振り返ってみないとわからないことだったりするんだよ。でも、実里ちゃんの場合は、今の段階ですでに将来、『ああしとけばよかったなあ』と思ってしまいそうな材料を、見つけてしまったわけだよね？」

「ああ、うん、そう。そうかもしれないです。だけど、マスターや信宏さんのように、何かをガムシャラにやってやり遂げて、何者かになった経験がない私には、なんだか、すごく遠い世界のように思えて。自信も持てないし。その先に自分の居場所があるのかどうか……」

実里もコーヒーを一口飲んで一呼吸置いた。

ほんの1カ月前まで、ぼんやりと就職をしようとしていて、モヤモヤしていたのに、突然人生のお手本が目の前に2人も現れて、自分のやりたいことを本気で探そうとしているのだ。心も思考もついていけていないようだった。

「一度、自分がやりたいことをすでに実現している人に話を聞きに行ってみるといいですよ」と、赤澤がカウンターの向こうから口を挟んだ。

「信宏さんには、大学時代、ラジオの仕事をする人たちが目の前にいて、自分がこの先どうなっていけるのか、どう頑張ったらいいのかを見せてくれる人がいたでしょう?」

「そうですね。そして、今は、こうやって目の前で、ワンオペレーションでどうやったら喫茶店が成り立つのかを、見せてくれている人がいるしね」

「そっか! ライターの人、カフェの本を出してる人やニューヨークに住んでいる人に会ってみればいいんだ……って、でも一体どうやって?」

赤澤がいつものようにニコリと笑った。

「そこが、学生のいいところなんですよ! 学生であるなら、自分が憧れる人に直接連絡をして『お話聞かせてください』と言ったときに、相手もね『教えてあげようかな』って思いやすいと思うんだよね」と赤澤が言うと、

「確かに。ラジオの仕事でも、『バイトさせてください』『相談に乗ってください』ってやってくる学生はたくさんいたけれど、人手不足だったから助かったし、ラジオ業界を目指してくれる学生がいるってことはそれだけで嬉しかったから、話くらいは聞いてあげようって思ったなあ。学生って強いですよね」と信宏も強く同意した。

「そうそう。それで、実際話を聞いてみて、まずは違う業種の会社員をやってみようって思ったら、それでいいわけですよ。でも、それをやらずに、『やっぱり普通に就職しよう』って思ったら、先日その中2階の席で、悶々《もんもん》としていた実里さんに戻ってしまうだけですよ」

マスターの授業2

夢を現実としてとらえる授業

芽生えた夢が妄想であると自覚する

夢ができた。

そのときに感じた、ワクワクした気持ち、未来を想像してはドキドキした記憶は私にも経験があります。最初はバンドでの成功を目指し、そして、喫茶店の店長になることを目指すと決めたときの、あの、独特の高揚感は今もはっきり覚えています。

そして、夢が芽生えたら、そこには妄想が生まれます。

やったことがないことというのは、大抵、机上《きじょう》の空論であることがほとんどです。

当然ですよね。やったことがないのだから。

私は10代前半からギターを手にし、楽曲制作を始めました。高校時代にはガムシャラに受験勉強に費やしたものの、大学では軽音楽部で音楽だけに邁進《まいしん》する時間を送っていました。ですから、バンドや作曲、歌うことについてはかなりの経験がありました。ところが、それでも、音楽業界、とりわけメジャーの世界で食べていくということについてはまるっきり想像ができていなかった、というよりは、実際に業界の中を見て初めて知ったことがたくさんあったのです。

「メジャーになる」

それが、当時のバンドのメンバー、つまり軽音楽部の仲間たち全員が一致団結して目指す道でもありました。大学を卒業してからは、それぞれ仕事を持ちながら音楽活動を続けました。私も、12年間塾講師をやりながら、音楽活動に没頭していました。

気づくと30を過ぎていました。

メジャーデビューの機会も1度ありました。

某レコード会社との契約が確実となり、レコーディングをし、アルバムのタイトルまで決めていました。しかし、現実というのは私が考えていたよりも過酷なものでした。私が契約しようとしていた会社は、社長のワンマン度が強く、こちらが何度電話してもなかなか社長に連絡がつかなかったり、オペレーターさんらは社長の指示がなければレコーディングすら始められなかったりという決まりがありました。

そして、「今売れているミュージシャンのような歌い方をしろ」と言われたときは、正直かなりショックを受けもしました。しかも「現在売れている」が条件。

とはいえ、私は、自分のことを芸術家肌の頑固者だとはまったく思っていませんでした。メジャーで音楽をやるということは、あらかた、売れ線を狙い、リスナーを意識しながらリリースを目指すというのは当然だと思っていたし、商業主義というものと音楽のクオリティの折り合いはつくと思っている方でした。

オリジナリティを出しつつもやはり売れることを考える、つまり客のことをしっかりと見据える、というのがメジャーだと必要になってきます。

これは会社員でも同じことで、少数精鋭の会社があったとして、企画部長と新卒の新入社員。ここで、企画部長の考えと違う、いや社長の考えと違うというだけで、その新入社員はその会社を辞めるべきかというとNOだと思います。

私が、デビュー直前で契約を破棄したのは、メジャーを諦めたのではなく、メジャーの中にもさまざまな会社があって、売り方もさまざま、バンドの扱いもさまざま。その中にあって、その会社が自分にとって、すべてを懸けてでもやっていきたい会社ではなかったということでした。

若かりし頃は、メジャーというのが1つの絶対的な到達点だと思っていたのです。メジャーという世界がどのような世界なのかを、知らなかったし、考えたことがなかったのです。でも、実際は、メジャーという世界もそれぞれで、そこにもたくさんの選択肢があるということに初めて気づいたのでした。

そして、たまたま私にきたオファーは、私にとって「居場所」ではなかったのです。そう、たとえるなら、西遊記で孫悟空たちが、やっとの思いで天竺《てんじく》についたと思ったら違っていた、というような感じでしょうか。

「音楽」を仕事にするチャンスをやっとの思いで手に入れた人間が、それを手放すという決断は、辛抱が足りないとかの次元ではありませんでした。

いっときはもう、引きこもりになってしまいそうなメンタリティでした。

その業界の中に身を投じてこそ、初めてわかることがあるのだということ。それを身をもって体感した私ですが、その上でもやっぱり、好きなことを仕事にする人生を選ぶことをお勧めしたいのには訳があります。

少し重たいかもしれませんが、自分が人生を終わるその瞬間に「ああ、よかったなあ、僕の人生」と思って死ねるのか、と考えたとき、後悔しない人生はやはり、好きなことを仕事にする人生だと思うからです。

もちろんこれは私の主観ですが、どうしたら幸福な人生だったと思いながら死んでゆけるのか、というのは誰にとっても、まさに「命題」です。しかし、漫然と好きではない仕事を「嫌だな」と思いながら続けて、さらに、老後の不安に追われるのは、あんまりだと思うわけです。

だから、好きなことを仕事にするために邁進したいし、して欲しいと思います。

とはいえ、夢を描いた時点では自分が向かおうとしている先に何があるのか、その世界の現実は見えていません。だからこそまずは、描いた時点では、夢心地であることをしっかり理解すること。そして、現実にするために、その業界の現実を把握することが必要です。

研究者のように自分と自分の夢を研究する

さらに、やりたいことが見つかったとき、そこに、時代というフィルターを通して向かう方向を精査する必要があります。

「ついに出合った、仕事にしたい好きなこと！」という、その夢にドキドキワクワクしていても、世の中も、自分も常に変わっていっています。

それを忘れないようにしてください。

たとえば、一昔前はウェブデザイナーなんていませんでしたし、ユーチューバーもいませんでしたが、今はいますし人気の職業です。逆に、これから先仕事にするのが難しくなる業種も出てくるでしょう。自分が踏み出そうとしている世界が「普及の時代」にいるのか、「成熟の時代」にいるのか、はたまた、それらを通り越して今は「選択の時代」にいるのか。それらをすべて把握した上で踏み出すこと。

ちなみに、コーヒーや喫茶店は「選択の時代」ですから、曖昧《あいまい》なことをやるとお客様には選んでもらえません。

こういう、ネガティブな要素に目をつぶらないことは、非常に前向きな行動です。

まず初めに、その業界について書かれた書籍にとにかく目を通すこと。本は、すでにその業界を経験した人が、その業界について事細かにまとめてくれている、文字通り教科書のような存在です。私は、塾講師をしながら喫茶店を開業するまでに118冊の関連本を読み漁《あさ》りました。

なんせ、私は怖がりでした。怖いからこそ、業界の今のあり方、起業の仕方、どうやったら失敗しなくて済むのか、とにかく調べまくったのでした。

石橋を叩いて渡る。

私は、個人起業には、そのくらいの慎重さはあっても良いと思います。

やりたいことを仕事にする。夢をかなえる、ということは、ある種、研究をすることと似ているように思います。

私は研究者ではありませんが、塾経営をしているときというのは、自分がやっている塾経営というものに対して、その業界全体の流れを把握しながらも、まるで、顕微鏡で細胞を見ていくかのように、細かいところまで見ていきます。あくまでも、研究ですから、主観ではなく冷静にそこに何があるのかを把握し、そこから新しい薬を生み出すかのように、好奇心を持って実験を続けていくのです。

たとえば「やる気がないわけではないのに、なぜか、成績が伸びない」という場合、ただその状態を見ているだけなら「もっとしっかり勉強しなさい」なんていうアドバイスになるかもしれません。でも、その子に興味を持ち、研究してみると、勉強のやり方自体がわからなかったり、目標がないから動けなかったり、その子特有の原因が見えてきます。すると、それを解消する方法を試してみることができるわけです。

私は、喫茶店をオープンさせるにあたって、喫茶店やコーヒーの業界を研究者のように、とことん文献を調べ上げ、現場を調査し、文章にまとめて整理してきました。これだけ多くの店がオープンし、なくなっていく現状を知り、その原因を見つけ出すべく、その隅々まで調べ尽くしたのです。

その中でたどり着いた研究結果というのは、「絶対に成功する喫茶店の作り方」ではなく、その逆。「絶対に失敗する喫茶店の作り方」でした。そう、どれだけの情報を得て、現場を把握して、経験を積んでも、「絶対に成功する」とは言えなかったのですが、「絶対に失敗する方法」は、論文が出せるほどにしっかりまとまりました。

だから次に喫茶店を開きたいという人に残したくて『必ず「失敗」するカフェづくり』という冊子をつくりました。

これと同じような研究を、ぜひ、ご自身のやりたい分野でやってみてください。

そうすれば、「そんな簡単にかなうはずないよね」という言葉が、真実であり、嘘でもあるということがわかってくるはずです。

そう、そんなに簡単にかなうはずがないのです。

喫茶店経営というのは、実際には9割くらいの人が失敗しているのですから、多くの人が「やめたほうがいいよ」と言うのはある意味当たっているわけですね。

だけど、失敗マニュアルがあれば話は別です。

これは、業界に限りません。

どの分野でも、失敗は簡単にできます。そして多分、失敗マニュアルは作れてしまう。その上で、その逆を徹底してやることで、限りなく成功に近づく。あくまでも体感です。

先にそれをやっている人の話を聞く

業界を知るために動き出しましょう。

夢を現実にするための一歩を踏み出すということです。

実際に、自分がやりたいと思う仕事の仕方をしている人に接触し、話を聞くことです。その業界で「自分がやりたいと思う仕事の仕方をしている人」というのがポイントです。私の場合は「人に雇われない」そして「人を雇わない」という生き方をするというのが目的でしたから、喫茶店を何店舗も展開したり、バイトをたくさん雇ったりするスタイルは、成功する方法であったとしても排除すべき。この、ブレない骨子が後々非常に重要になります。

ですから、先ほど決めた自分が持つべき3つの1万時間を常に意識しながら、自分がやりたいことをすでにやっている人がいないのかどうかを調べていくのです。

この、先駆者の存在というのは、自分を励ます大きな存在となります。

特に、飲食店の経営や、ライターなど、成功している人としていない人が目に見えてわかりやすい業界であればあるほど、すでに実現できていてそれを続けている人に触れることで、それが自分にも可能であることが肌身で体感できるからです。そして、実現のために、自分がやらなくてはならないこと、やってはならないことが明確になることも大切です。

私は、中学生の頃から、コーヒーが大好きでした。自分で挽いて淹れるコーヒーのうまさを知っていましたから、ぜひとも、ワンオペレーションで喫茶店を開きたかったのです。

ですから、コーヒーに関する文献、個人の飲食店開業の本を片っ端から読んでいきました。そして、塾講師を辞めてから、開業するまでの間、肉体労働で働いてお金を貯めながら、喫茶店をめぐり、繁盛している店は偶然ではなく必ず理由があると確信したのです。

そして、ワンオペレーションで繁盛しているいくつかの店のマスターに、「ここで働かせてください！　お給料はいりませんから！」と、信宏さんのように直談判しました。もちろん、断られました。自分が店を出してからその理由はわかりました。ワンオペレーションの喫茶店は、ワンオペレーションで回すからこそ、回しやすい仕組みができている。そこに、新人が入るととても回せなくなるのだということ。

これもまた、外から見ているときにはわからないことでした。

幸い、私にはワンオペレーションのコーヒー専門店で、サイフォンコーヒーを扱う店が、いや、自分で勝手に決めた師匠が見つかりました。横浜市綱島《つなしま》にある『カルディ』という喫茶店です。マスターからは「雇えない」とお断りされたのですが、「私が伝えられることは、何でも、包み隠さず伝えますから」と言ってくださったのです。

それから私は、毎日のようにカルディに通い詰めました。

マスターの仕事の仕方をつぶさに見ながら、実際に自分がマスターとしてそこに立ったときに必要になること、すべての情報をマスターから得ました。シミュレーションしながらでないと気づかないようなこともたくさん伺いました。たとえば、

「カップは何脚くらい揃えておけばいいのか」

「1日何杯のコーヒーが出るのか」
「伝票はどこで買えばいいのか」
「おしぼりはどこに頼むのか」
「何坪、何席なら1人で回せるのか」

これらのことは、意外と、実際に運営する前提で見ていないと気づかないことが多いのです。そして、「独立したい」「夢がある」という会社員の人、主婦の人、若者たちを見ていて思うのが、実際に実行する人は、ほんの一握り。私が調べたところ、起業したいと考えている人のうち、本当に起業するのは100人中6人程度だそうです。

私は現在、オンラインサロンで、喫茶店経営のすべてを公開していて、質問OKにしているのですが、実際に喫茶店を開けるだけの情報を得ようとする人はほとんどいません。私としては、もっと活用して欲しいと思っているのですが、それくらい、実際に、好きなことを仕事にするというハードルが高いのだということを、実感させられる毎日です。

自分がやりたいことをやっている人に会う

信宏の夢の喫茶店妄想

赤澤のスペシャル授業のあと、1人残った信宏は赤澤に、喫茶店運営について話を聞いていた。

「そもそも赤澤さんは、なぜコーヒーで勝負しようと思ったんですか?」

「まず、コーヒーが好きだったというのが第一です。今までの人生のあらゆる場面で、コーヒーが思い浮かぶから、これからはその香りに包まれて、職業として考えたいと思いました。って、ちょっと、夢物語っぽいですかね。だけど、夢の始まりってそういうものだと思います」

「でも、実際にそれが実現しましたから、夢じゃないですね。その感覚、すごくわかりますし、聞いているだけでテンションが上がります！」

「でしょう？　飲食業で仕事をすると考えたとき、流行《はや》りに振り回されず、古き時代から愛されていて、これからも廃《すた》れないものを選ぶ方がいい。そして、ワンオペレーションなら、シンプルなオペレーションで成り立たなくてはならない。これらを総合して考えたときに、喫茶店がベストだったんですよ」

「サイフォンは？」

「理科の実験みたいで演出効果は抜群ですし、カウンターのお客様もコーヒーを待っているのが楽しくなる。喫茶店という業種そのものがスタンダードだからこそ、差別化やインパクトは非常に大事なのです。実は、いっとき通った飲食業の学校で講師から聞いた話ですが、個人経営で喫茶店を始めたいと思っている人の中で、サイフォンで提供しようと思っている人は、０・４％。これって非常に差別化になると思いませんか？」

「確かにそうですね」

「業種は奇をてらわず、業態はオリジナリティを。これが喫茶店に限らず、個人で事業をしていくための鉄則だと思っています。だから、もう1つ独自性を出すために、サイフォンのまま提供することにしたんです」

「でも、コーヒーが好きなら、ついつい焙煎《ばいせん》とか自分でやりたくなっちゃうんじゃないかと思うのですが、どうして焙煎まで勉強して自分でやろうと思わなかったんですか？」

「そう思いますよね。実際、サイフォン式のコーヒーは、ハンドドリップよりもオペレーションが楽でいて、豆の良し悪しがそのまま味に出ます。そうなると、高品質の豆で良い焙煎がされていることが絶対条件になるんです。そして、今信宏さんが言われた通り、コーヒー好きなら焙煎をやりたくなる……と思うでしょうが、私の目的は、ワンオペレーションの喫茶店を出すことであって、コーヒーの道を突き詰めることではなかったわけです。それなら、最高品質のスペシャルティコーヒーのカップ・オブ・エクセレンス受賞豆を、最高の状態で焙煎している人から仕入れた方が効率がいいでしょう？　そういう人が実際にいるのですから」

「だから、素晴らしい焙煎をするところを探し抜いて、お願いしたわけですね」

「そうです。あらゆる豆を調べ尽くして『ここの豆しかない』と思いました。さらに、珈琲文明ではサイフォンコーヒーの常識で、1人分で10～12グラム、2人分で18グラムと言われるところを1人分で23グラムを使います。選択肢の多い時代ですから、自分の店のメインになるコーヒーには、絶対的な自信を持っていなくてはならないからです」

「コーヒーの淹れ方はどこで学んだんですか?」

「ほとんど独学です。それこそ、コーヒーに関する書籍や資料なんて、世の中にたくさんありますから、それらを片っ端から読みまくって、自分で淹れる、の繰り返しでした。あとは、飲食の学校にも少しだけ通って、サイフォンの授業だけはしっかり出ましたし、練習できる場所を探して、とにかく練習しまくりましたね」

「マスターが、得た情報や方法を、僕はこうやって簡単に聞かせていただいて本当にいいんでしょうか」と、信宏は聞いた。

本来自分が1つずつ実行してこそわかるはずのことを、赤澤が躊躇《ちゅうちょ》なくすべて開示していることに対して、ふと、口をついて出た言葉だった。自分も、ラジオの業界では先輩の姿を見ながら仕事の仕方を学んできた叩き上げだ。だからこそ、赤澤がこれまでどれほど、コーヒーについて調べ、そして店の運営についての情報を得て、現場を歩き回ってきたのかは、すでに十分にわかっていた。信宏は続けた。

「自分の力で、これらの情報収集をやらなくて、ここで話を聞いているだけでいいのだろうかと思って」

赤澤が、ふっと笑顔になった。

「私も、カルディさんからたくさん教えてもらいましたからね。業界の知識や経験は、流れを遮《さえぎ》らずに、必要な人に渡していくべきだと思っています。同業者というのはライバルで蹴落とす相手、と考える人もいますが、実際はこの業界を一緒に盛り立てていくべき仲間だと思っています。バトンをね、受け取ったから、今度は渡していかないと。それに、これまで十分に1つの業界で鍛錬してきた人が、すべてを1から学ぶべきだとは思いません。逆に、これまで何かしら仕事をして、20年も経っている人は、必要な情報を得られるなら早い方がいい。そこからまだまだ、やらなくてはならないことがたくさんありますからね」

「頭が下がります。私が独立できて、同じように『開業したい』という方がやってきたら、必ず、バトンをお渡しすることにします！　それもまた、目標になりました」

年齢を重ねて追う夢は、ただひたすら追い求める自分の居場所ではないのかもしれない。誰かに渡すバトンはすでに持っていて、そのバトンの渡し先をも考えながら、好きを仕事にしていくこと。これは、もしかしたら40代だからこそできる、夢のかなえ方なのかもしれないと思うと、信宏は心が暖かくなるのを感じていた。

実里の業界取材

――このまま内定をもらった会社に勤めるかどうか、決める前に、ライターになった人や女性で夢をかなえた人の本を読んで、その人に会ってみよう。

そう思った実里は、国会図書館に出向いて、片っ端から夢をかなえた女性についての本や、カフェについて書かれた本を読み漁った。

その中で興味のある人物が数名出てきた。

ノンフィクションライターの有田ゆき、カフェの本を専門で書いているライターの中野幸子の2名だ。それぞれ、ネットで調べてみると、フェイスブックで本人を見つけたので、思い切ってメッセージを送ってみた。

そこには、ライターを目指したいということと、業界のことを教えて欲しいということなど、自分が知りたいことを書き、今内定が決まっているが、非常に迷っていることもなるべく簡潔に書いた。意外にも返事はすぐに来て、2人ともが会ってくれることになった。

――すごい、動いてみると、本当に状況って変わるんだ。

実里は、「働かせてください」と言って赤澤に頼んだ信宏の姿を思い出していた。

有田ゆきは、有名人らを取材したノンフィクション作品を何冊も出している有名なライターだったので、まさか、会ってくれるとは思わず、驚いた。会ってみると非常に穏やかで美しく、聡明な女性だった。

「ライターになりたいと思っているんです」と実里が言うと「この業界を目指す人に会うのはとても嬉しい」と喜んでくれたが、今の出版業界はやりたいことを真剣に選ばなければ活躍の場が少なくなる可能性があることを率直に話してくれた。

「私は雑誌社の社員としてインタビューをこなしてから独立したけれど、今は、雑誌はウェブとの連動が必須になってきているよね。ただ、ウェブマガジンで記事を書ける人はたくさん募集しているけれど、そこで、誰にも負けない文章力やインタビュー力を身につけるのはかなり難しい時代になってきているとは思うわ」

赤澤が言っていた「時代というフィルターを通す」という言葉が頭をよぎった。

「私、内定が決まっているのは経理なのです。これから出版社への就職活動は難しいし、文章の学校に通う、というのは意味がありますか？」

実里のおずおずした様子を見て、緊張をほぐすかのように有田は大きくウンウンとうなずいてこう答えた。

「それによって何が書きたいのかが見えてきたり、学校の講師が有名なコピーライターだったりすることで、業界につながりができたりということもあるから、ないとは言えないけれど、何をテーマに、何を書いていきたいのか、自分のやりたいことをしっかりと見据えて、その技術を身につけるのに必要な場所へ、自分を連れていくといい。出版社や編集プロダクションでのアルバイトの仕事を得るのは難しくはないと思うわ。いつでも何でも聞いて。何でも答えるから」

一方、中野幸子は、素敵なカフェでお茶をご馳走してくれた。彼女は、ウェブの投稿サイトでカフェをまるで詩のように紹介する記事を書き、自分で撮った写真を掲載し、全国のカフェを練り歩いた結果、カフェの本を出すに至った人物だ。ライター経験があったわけではなく、会社員を経て主婦になり、子どもが大きくなったことで、趣味の延長で活動し始めた結果、「カフェといえばこの人」になっていたという。

「好きな分野を、誰よりも突き詰めて、その魅力を伝えようと動いていたら、いつの間にかここまで来たという感じでしたよ。だからもし、自分の勝負したいことで本を出したいと思うなら、とことん、その分野を突き詰めて、自分にしかできない表現方法を模索することではないかしら」

実里はここで、赤澤が言っていた「1万時間の法則」を思い出していた。

中野は、実里にこう伝えてくれた。

「文章力はあとからついてきますから、伝えたいことが何なのか。誰にも負けないそれを探していくのが一番。今は、ブログや、記事投稿サイトなどで、ある意味、誰でもライターにはなれるから。大事なのは、唯一無二であること」

そして中野もまた「いつでも相談があったら連絡を」と言ってくれたのだった。

2人の話を聞いてみて、実里は、考えていた。

――自分のテーマについてもう少し煮詰めてみよう。

赤澤メソッドまとめ

2

自分がこれから飛び込もうとしている世界の時代性を把握し、
すでにその場所で生きてきている
第一線の人に話を聞きに行くこと。
その相手は、その業界の中でも
「私がやりたいことをやっている」人であることが重要。

エピソード3

夢へのアクセルを全開にするために

エピソード3

夢へのアクセルを全開にするために

「なんか、不思議なんですけど、業界で一線を走っている方って、その道を目指そうとしている人に優しくないですか?」と、実里がいつものカウンター席で赤澤に話しかけた。隣には信宏もいて、ここがどうやら定位置になっているようだ。

「そうですね。私の原点であるカルディのマスターも、私が聞いたことにはすべて答えてくれましたし、話し込みすぎて、終電がなくなって、マスターが私を自宅まで送ってくれるなんてこともありましたよ」

「ライバルなのに不思議ですね」

「業界のトップを走っている人というのは、業界をどう盛り上げるかを考えていることがほとんどですからね。競い合っているというよりも、その業界を一緒に盛り上げていってくれる仲間だと考えていると思います」

「そ、それは、ある程度の年を重ねた人だから言える話のような」と実里は苦笑いをしたが、赤澤は続けた。

「確かに、私もバンドマン時代は他のバンドとはライバルだと思っていました。若かったですしね（笑）。だけど、改めて考えてみると、やっぱり、同じ土俵にいる人間って、仲間でもあるんですよ。コーヒーの業界で言うならば、スターバックスなどの大手チェーン店も、私にとっては、ありがたい存在です。コーヒーを飲みながら、自分の時間を過ごす。そのスタイルを広めてくれたわけですからね」

赤澤の言葉に、信宏がちょっと真剣な顔をした。

「しかし、大手外資コーヒーチェーン店がたくさん進出してきたことで、小さな個人経営の喫茶店が潰《つぶ》れていたりしますよね」

自分のこれからのことを考えながらの質問なのだろう。

赤澤が、「ええ、でもね」と言って、笑った。

「この前も言いましたが、時代によって業界の状況は変わっていきます。その中で、潰れない店を出せばいいだけの話です」

自信に満ちた言葉に、信宏と実里は「はあああ」とため息をついた。

「そういえば、私、有名なライターさんたちに会いに行ってきたんですけれども、2人とも、すごく優しくて、いろんなことを教えてくれました。赤澤さんが教えてくれた、1万時間の法則や、仕事の時代性についてもすごく考えさせられました」

「その人たちもまた、唯一無二のものを持っているんだと思いますよ。自分が歩んできた道に自信がある人は、その道を目指す人を応援してくれると思います。きっと、彼女たちにも、そうやって教えてくれた誰かがいたんですよ。どの業界、職業にも、脈々と受け継がれる歴史がありますから、実里さんがライターになったら、今度はそれを若いライターに伝えていくこと。それが、その方々への恩返しになるんです。僕が、オンラインサロンを立ち上げて、喫茶店を立ち上げたい人たちに自分の情報をすべて開示しているのも、新たな人たちに情報や経験を伝えて、喫茶店業界を一緒に盛り上げていけたらと思うからです。お世話になった喫茶店の方々への恩返しでもあるんです。信宏さんはこの感覚、すごくおわかりになるでしょう?」

赤澤から話を振られた信宏は、腕組みをしてこう答えた。

「確かにおっしゃる通りです。とはいえ、他の店との差別化は図りたいですし、負けない店作りをしたいとは思います。だから、そのために何を学んで取り入れるかは考えますよね」

「私も、今実は迷っていて。先輩ライターさんにお話を聞いて、私にはいくつかの選択肢があるなって思ったんです。内定している会社には就職せずに、アルバイトでもいいから出版社に入って経験を積むか、会社員をしながらネット上で自分が伝えたいことを形にしてみるか、お金を貯めて先に英語習得のために留学するのか」

「なるほど、お2人ともどう動くか、で、悩んでいるところなのですね。では、今回は、私が塾講師だった時代のことをお伝えしましょうか」

マスターの授業3

元塾講師が教える人生取り戻しの授業

納得し、希望が持てれば、人は動ける

ある程度の年齢まで、仕事をしながらでも、育児をしながらでも生きてきた人は、それなりに、やってきた分野での知識を持っているでしょう。

その上で、改めて、学生時代の感覚に戻ってみて欲しいのです。

勉強をする意味、頑張る意味って、当時、しっかり把握して、勉強にのめり込めていたでしょうか。

私が室長をしていた教室には、本当に多くの生徒がいました。小学生から高校生まで。中には自分がやるべきことをしっかりと把握して、しっかり勉強している子も、まあ中にはいましたが、田舎の教室です。「なんとなく」とか「親がやれと言うから」

という理由で入会面談に来ている子も大勢いました。

私は、とにかく「最初が肝心」どころか「最初がすべて」という考えで動いていました
したから、通常、40分ほどの面談に2時間をかけ、勉強する意味を伝え、意思を確認し、親が契約書に印鑑を押すのを子どもに見届けさせていました。

「人は、やらせようとしても動かない」

それは、大人子どもに限らない普遍的な人間の本質だと痛感していました。

そんな中で、中学2年生の女子生徒が父親に連れてこられていました。そう、あまりに連れてこられ感が満載で、すべての質問には父親が答え、その子は座っているだけ。私は、一通り質問し終わったところで父親にこう伝えました。

「お父様、この子と2人だけで話をしたいので、大変申し訳ありませんが、少し席を外していただけませんでしょうか」

そう、前代未聞の退席。女子生徒と2人だけになってからこう伝えました。

「今日塾に入らなくてはならないということはないからね。お父さんには言っておくから、少し、話をしよう」

すると、少しずつその子が自分の話をし始めました。

「漫画家になりたい」という話から、唯一のお互いの共通語が『スラムダンク』。ひたすら『スラムダンク』の話をしながら、最終回の話で盛り上がったのです。

「最終回がすごかった。試合終了まで数秒、というクライマックスのシーン。試合の間はネームが一切なくて、イラストだけで展開するニクイ演出で。唯一のネームが『左手はそえるだけ』という言葉。そこにすべてが集約されていたよね。あんな演出ができるなんて、やっぱりね、第一線で活躍している人はアンテナの張り方が半端じゃないんだよ」

私も熱く語り、こう続けました。

「勉強はもちろん大事だけど、何のために勉強するのかが大事だよね。もしかしたら、あなたにとっては漫画家になるための勉強だと思うと、景色が違って見えるかもしれないよ。とはいえ、本気で漫画家になりたいと思うのなら、漫画はもう君にとっては遊びではないからね。本気で漫画を読んで、真剣に描いていくべき。その時間はしっかり確保しなくてはね」

そうすると、明らかにその生徒の顔つきが変わり、目が輝き出し、笑顔になったのでした。

お父さんには「本人のタイミングでスタートしないと、続かないと思いますので、今日のところはお帰りいただいて、じっくり考えていただいた方がいいと思います」と私の方から席を立ったため、父親はあ然としていました。

結局、数日後にその親子が教室に来て、正式に入会することに。

「もう腹は括《くく》ったんで」と彼女。

私の方が多少たじろいで「いやいや、楽しくやろう。のんびりやろう」と伝えたほどでした。

未来に通じる導火線。

それこそが、某塾で言うところの「やる気スイッチ」だと私は思っています。

それがあれば、子どもでも大人でも動き出せる。というか、動かずにいられなくなる。そのスイッチを見つけることです。

大人になってからの学びにはコツがある

そうは言っても、学生時代というのはまだ、人生にその学びがどう影響するのかを知らずに勉強しているはずです。なぜなら、実際にそれを使って、社会に出ていないから、当然ですね。だから、大人になってからよく聞く言葉がこれ。

「ああ、あの頃もっと勉強しておけばよかった」

「今だったら、めちゃくちゃ学びを楽しいと思えるのに」

周辺で聞いたことありませんか？

または、ご自身で言っていたりしませんか？

そう、そして実際に、あるとき急に学び意欲が湧いてきて、資格を取るのに邁進する会社員の方も多く見かけます。転職のために新たな武器を求めて、1万時間の勉強を始める人もいるでしょう。

一方で、学生時代に一度、勉強につまずいた人はなかなかそうはいきません。英語が仕事で必要になっても、苦手意識がついてしまって、やろうやろうと思っても、なかなか手がつけられないという場合や、早々に勉強につまずいてしまったり高校入試で燃え尽きたりした結果、思った大学に進学できずに学歴コンプレックスをずっと抱えている場合もあります。

私の受験の経験から言わせていただくなら、学校でのつまずきは、吉と出るか、凶と出るか、分かれやすい。私も経験があります。父が転勤族だったこともあり、転校した先でまったく授業についていけなくなり、名前を書けば入れる地元では悪くて有名な学校へ進学しました。そこでスイッチが入ったのです。ものすごい、ガリ勉。3年間、とにかく勉強しまくりました。通常なら「なんだよ、休み時間にまで勉強しやがって」と言われそうな状況でも、まったく意に介さずにガリ勉。当然その学校では1番になり、一目置かれるようになり、そうすると不思議なことに、私の真似をしてガリ勉をする人間が出てきたりして。

――すごい、本気って周辺に伝染するんだな。出すぎた杭は打たれない。

ということを、思春期ながら学んだように思います。

その結果、無事志望大学に入学し、巻き返しが完了したとき、合格発表のあと駅で無意識に、吸えやしないのにタバコを買ってみた記憶があります。今考えても意味不明ですが、少し大人になった気でもしたのかもしれません。そして、泣きました。もう、むせび泣きです。

と、私の場合は功を奏して、巻き返しの機会をいただき、無事突破したことで、自分の中に、大きな成功体験ができたのは事実です。そのおかげで、大学時代は軽音楽部に入って、今も一緒にバンドをやっている仲間たちとバンド三昧《ざんまい》だったわけですが。だからこそ、はっきり言えるのは、学歴なんてまったくもって社会人には関係ないということです。ただし、それが箔《はく》になる業種もありはしますから絶対ではありません。

正直、教室長をしていた頃から、すでに子どもの数は減っていて、学歴社会も、終身雇用も崩壊し始めていると感じていましたから、もしも、学生時代に折れた経験があるという方は、まず、開き直ってください。

そして、ここからが大事。やりたいことに向けた学び直しをする場合、新たに学ばなくてはならないことがある場合は、目的に沿った学び方をすることが大切です。学校へ行くこと、資格を取ることが目的になってはいけません。

あくまでも、必要なものを得るための学びであること。

私は、喫茶店をオープンする前に、数カ月だけ、業界の中で尊敬する人の1人である丸山健太郎さんのもとで、お手伝いという名の修行をさせていただきました。丸山さんといえば、この業界では知らない人がいないほど、コーヒー文化を牽引《けんいん》する人物。その人のお店で働こうというのに、お願いしに行って伝えたことは、

「コーヒーに関する知識はもう十分なので、ホールや洗い場などの仕事を学びたいので、そこだけやらせてください」

でした。

我ながら度胸があると思うのですが、これは、私にとっての必要な学びは、あくまでも「接客」と「ホールの回し方」の部分だったからです。必要なのはそこだけでした。

そのくらい、大人の学びには潔《いさぎよ》さが必要だと思っています。

さらに、「やろうと決めた」だけで満足しないこと。人は不思議なもので、本を読

んだり、偉人の話を聞いたりして「よし！　自分もやるぞ」と決めると、ほっとする生き物です。そして、いっときの高揚感で満足し、やらない。

ですから、「やろうと決めた」というポイントで満足したら、結局、何も手につけていないまま、終わることになります。

アウトプットは最大の学び

もし、昔一度諦めたことをもう一度始めたいときや、好きなことではあるけれど自信がないというとき、または英語の学び直しなどで上には上があって苦手意識があるときなど、なんとなく壁を感じる学びを選ぼうと思うとき、苦手意識や自信のなさを取り去り、大きくレベルアップさせる方法があります。

それは、「人に教えること」です。

というと「自分が習っている、苦手だと思っているのに誰かに教えるの？」と言う人もいるかもしれませんが、これは、塾講師としても確実だと言えることなので、まずやってみて欲しいことなのです。

実は、人は、教えてもらう、学ぶ、から、教えるという行為になった瞬間に、本当の意味で学ぼうとする生き物です。身をもって感じているのは、私自身、必死で受験勉強をして大学へ行きました。でも、当時は受験に受かるためになんとか必死で頑張っていただけで、系統立てて、全体を把握してなどいませんでした。たとえば、英語であれば、テストをやれば正解にはなりますが、英語の仕組みが理解できているかというとまったくそうではありませんでした。

ところが、これが塾の講師になって教えるとなると、教えるために必死で学ぶようになります。というより、自分が本当に理解できていないと教えることってできません。そこで、各科目に対して本当に「わかった」という感覚を得るに至りました。そう、受験生のときには取れなかったセンター試験満点が、10年間続けられるようになるわけです。

これは先生と生徒の間柄でなくとも、同じような効果が出てきます。たとえば、私は、塾の生徒の中で、兄弟姉妹がいる場合は、下の子に勉強を教えるように伝えることがありました。実際に、下の子の勉強を見ることによって上の子の学力は格段に上がっていきました。それはもう、凄《すさ》まじく賢くなる。驚くほどに。

これは、勉強ではなくても同じことが言えます。

何かをインプットしたら、それを、アウトプットすること。伝える側に回ると一気に能力がアップします。よく、会社で2年目の社員が1年目の社員をフォローする役割をもらったり、若手とベテランでメンタリングを行ったりするのは、教えてもらう側がレベルアップするのはもちろんのこと、伝える側も自分の経験を伝えることによって格段に理解が深まり、実力が増すからです。

また、仕事をしながら、育児をしながら、学ぶということは、学生時代よりも格段に大変ですが、自分の意思で欲して始める学びであり、その先に明確な目標があるのであれば、学ぶことは不可能ではありません。

私も塾講師を続けながら、毎日湯船に浸かっている間に喫茶店に関する本、コーヒーに関する本、個人経営に関する本を読み漁りました。喫茶店開店準備のために、肉体労働で働きながら、師匠の店に通い詰め、さらに、飲食店を出す人のための学校にも通いました。これができたのは、期間限定であったことと、目的がはっきりしていたからだと思います。

「いつかカフェを出したい」

「とりあえず勉強しよう」

というように「いつか」「とりあえず」で発進すると、必ずと言っていいほど挫折します。期限と目的を決めない限り、延々と漫然と学び続けることになるからです。目的のない学びほど面白くないものはありませんから。その学びややりたいことをやっているときが、すでに、心の底から楽しくて仕方がない、というのであれば、逆に、目的はあるわけですから、期限を決めるべきです。

日々自己鍛錬するだけで終わらせずに、実践の場を持つことです。素振りだけで1年終わらせるのではなく、試合の場に自分を連れていくこと。そうすれば、学びが学びで終わることなどありません。

また、私は、人生に遅すぎるなんてことはないと思っています。

以前、塾で働いていた同僚で、私よりもずっと年下の女性がいたのですが、この女性は医療関係の仕事に就くために、勉強と仕事を両立していました。そして、長い目でものを見る人でした。

ある日、帰りの電車で一緒になった際にこう尋ねてみました。

「夢に対して焦る気持ちはないんですか？」

そうしたら彼女はこう答えました。

「何言ってるんですか。40歳になっても、今の時代、30年は働けますよ」

そう、40代は何かを始めるのに遅すぎる年齢ではありません。

とはいえ、手をつけずにいると本当に人生終わってしまいます。

塾つながりで言うならば、ちょっと古いけれど、林修《はやしおさむ》先生が言うところの「いつやるのか。今でしょ！」です。

信宏と実里の一歩3

目的に向けた、学びを開始する

信宏に必要な知識

信宏は、珈琲文明に通うことが何よりも学びになっているのは確かだった。

――喫茶店経営というものの視点、知識、情報、すべてを教えてくれる人がいてよかった。僕のオリジナリティについても考えていかなくては。

という思いも芽生えてきて、その準備として、スイーツの作り方や、珈琲文明では扱っていないラテアートを学びたいと考え始めた。

具体的に何をするのかを考えるようになると突然、夢物語が自分ごととして、リアルに感じられるから不思議だ。

赤澤に倣《なら》って、日雇いの仕事がない日は、国会図書館に籠《こも》り、コーヒーの本や、個人経営の本を読み漁り、赤澤の店に行っては答え合わせをする。気になったコーヒー店をインターネットで探しては、足を運び、自分なりに学ぶポイントをまとめてきては、赤澤の店に行って、答え合わせをするのが習慣になっていた。

赤澤に「スイーツの作り方はどこで習ったのか」と聞くと、「一部は飲食店のスクールに通った」のだという。

「とはいえ、コーヒーの知識については、十分にありました。むしろ、スクールで講師ができるくらいに研究し尽くしていて（笑）。ですから、学校側に無理を言って、必要な項目だけ受講させてもらえないか交渉したんです。もちろん、学びというのは全体を学んでこそ、という考え方もありますが、大人が、すでに目的がわかった上で学ぶ場合というのは、時間がとにかく惜しいわけで、最終的に修了証書はもらえませんでしたが、一向にかまいませんでした」

「結局、どんな講座を取ったんですか？」

「コーヒー以外の（笑）、スイーツの作り方などですね」

「コーヒー以外！（笑）それは徹底してますね。僕だったら、どうしても全講座を取らないと、って思ってしまいそうだ。気をつけます。でも、確かに、大人が学ぶときというのは、目的がしっかりしていますからね。さらに、ある程度仕事をしてきた人間は、情報収集や、目的にたどり着くにはどうしたらいいのかも、これまでの経験を活かせるわけで」

「その通りなんです」

「私も、ラテアートやスイーツの基礎だけは、学校で学んでこようと思います」

「はい、それで良いと思います。時折、飲食店を開くからには、と、調理師免許を取るための学校に入ろうとする方もいますが、それだと、悪くはないけれど、回り道になることもある。趣味が高じて仕事になる、という方向を目指すのではなく、やることが決まっていて学ぶ必要があるとしたら、最短がおすすめです」

「私もその考えに賛成です。日本って特に、とりあえず基礎から、とりあえず最初から、みたいな感覚になりやすい教育環境でしたね。気をつけていないと、うっかりその感覚になってしまう」

「本当、そうなんです。子どもの学びだって本来は、目的があってこその学びであって欲しいと願ってきましたから。その方が格段に学力は伸びるし、受験に気持ちが入る。やらされているのではなく、攻めていける。目的に向かって攻める、つかむ。それが人生かなと」

「なんだか、ロックですね」

「ロックンローラーですから、裏の顔は」

そう言って、いたずら気に笑う赤澤は、いつもとちょっと違う顔だった。

そこでひとつ、あることに気づいた。

――そういえば、こうやって情報収集をして、何かを生み出していくことについては、自分はもう20年の経験があるんだ。

それは信宏にとっての人生の成功体験であった。

――マスターが塾講師時代に得た経験をフル活用して、喫茶店経営に活かしたように、自分にも活かせることが20年分ある。

そのことが信宏の情熱の導火線に火をつけた。

今までやってきたこと、今までの自分への肯定感が増し、喫茶店を立ち上げ、成功させ、続けていくことで、ラジオでの経験は、これからもっと活かされるに違いないのだと思えた。

そこから信宏は、新たな挑戦を始めることにした。まずは、サイフォンで淹れるコーヒーを学ぶこと。そして、スイーツの作り方を学ぶことだ。それについては、赤澤を見習って、喫茶店のスクールに入ってみることにした。

もうひとつ、喫茶店を開業するまでの事柄や、思いを、ブログに綴《つづ》ってみることにした。アウトプットの重要性を赤澤から聞いたからでもあるが、表に出していくことで自分がこの道で生きていくという思いも強くなるような気がしていた。

実里の未来への導火線

一方で、実里は自分の道について改めて考えるために、珈琲文明の2階席でノートに考えをまとめていた。赤澤はカウンターで今日の片づけをしている。

——このまま内定をもらった会社に就職するべきか、それとも。

これがここしばらくの実里の悩みの99%を占めていた。また、文章を書きたいのに文学部ではない自分にコンプレックスを感じはじめていた。

「うーん」

頭を抱えていた実里は、業界の大先輩たちに話を聞いてみることにした。

最初に相談してから、何度も、フェイスブックのメッセンジャーでやりとりをしているうちに、いつの間にか、実里も、信宏と同じく、業界のメンターを得ていたのだ。

有田ゆきと中野幸子にこんなメッセージを送ってみた。

〈文学部でもない私が、今から、どうやって業界に入っていこうか迷っています。〉

有田と中野からは、間もなく、返事が返ってきた。

それは、実里が想像したものとは真逆のものだった。

有田は「文学部かどうかなんて、まったく関係ないから！　確かに履歴書では一応見るかもしれないけど。それよりも、幼い頃本をどれだけ読んでいたか、の方が重要かもね。ちなみに、私は、大学受験に失敗して受かった別の大学に行く気にはならなくて、大学には行ってないの」とのことで、中野に至っては「いやいや、私、そもそも専門学校卒だし。学歴で悩んでるだけ無駄だよ」と一言。悩んでいたのが嘘のように、軽やかな気分になった。

有田からは後日さらに助言があった。

「学歴よりも課題になるのは『経験がない』ということかもしれないね。新卒でなくとも、業界に入ることはできるけれど、求人を見て応募しても、ほとんどの場合が『経験者募集』だから。そこで諦めずに、入口を探すこと」

――よし、とりあえず、内定は断ろう。そして、自分がやりたいことで1万時間を費やすための方法を考えよう。

そう決めたら、さらに気持ちがすっきりした。どうやら、不安になっていたのは、どうするのかを決めきれなかったからだと気づいた。

――あ、で、決めただけで終わっちゃダメなんだったな。

とはいえ、大学1年の頃からインターンシップに参加して、そのまま内定をもらうパターンはもうすでに使えないし、今はもう4年生の10月。新卒で内定をもらう時期はもう過ぎてしまっている。ただし、大手ではなく中小企業の場合は大手企業の選考が一通り終わった後に選考をしているところもある。であれば、小さな出版社や編集プロダクションなら入口があるかもしれない。

——信宏さんも、マスターも、最初は「働かせてくださーい」って、直球で言って行ったわけだよね。それって、アリってことなんだよね。

大学へ行って、就活をして、就職をする。

それがあまりにも当たり前の、そして唯一の選択肢だと思っていた実里には、青天の霹靂《へきれき》だった。その衝撃からまたさらに、自分が新たな選択肢に向かって舵を切ろうとしている。

——なんでそういう手段に気づかなかったんだろうなあ。気づくわけがないよなあ。そんなイレギュラーなやり方なんて。

そう思いながらも、目標が明確になった今は、とにかく何でもやってみようという気持ちになっていた。

未来への導火線に火がついた。

持ってきたノートパソコンで、ウェブメディアや出版社、編集プロダクションなど、「書く」経験を積むことができる場所を探してみる。募集は何千件もあるけれど、条件はほとんど「経験者」となっている。新卒での応募が難しい時期の今、選択肢は留年して来年出版社を受けるか、直接アルバイト希望で押しかけてみるか。

正直、学生の自分を振り返ると、新卒で就職できないというのはものすごく恐ろしいことのように思える。

——ここでアルバイトを選ぶとしたら、是が非でもライターにならなくては。やりたいことに向けて、思いつくあらゆる手段を取ろう。

——そう言えば、マスターも、メジャー契約が決まりそうになったのに、その会社があまりにも自分の拠点になると思えない場所だったって言っていたっけな。プロになると言っても、最初にどこに身を置くのかで未来が変わってくる。

若いから何でもやる、と言っても、そこにも実は選ぶ力が問われるのだと、実里は改めて感じていた。とはいえ、求人を見ていると、学歴は不問のところが多かったが、経験者である、という条件がほとんどだった。

——学歴は本当に関係ないのか。でも、経験者であるためには、どこかで経験を積まないと。

さらに、働いていた人たちの口コミが読めるサイトもチェックして、あまりにブラックなプロダクションは避けようと思った。

「いくらガムシャラな時期が必要だと言っても、命を蝕《むしば》むようなブラック企業は避けた方がいいよ」

これは、信宏から教えてもらったことだった。

その日から、手当たり次第に「書く仕事」での求人募集フォームから問い合わせをしたり、履歴書を出したりし始めた。フォームで問い合わせた先からは定型のお断りメールが届く。履歴書を送った先からは連絡がない。

経験者、が条件である以上、とりあえず応募してみたところで、回答がないのは、当然の結果ではあった。

——そうか。学歴よりも経験……経験者であることが求められるとして、じゃあ、その最初の経験って一体どうやって積んだらいいいんだろう。やっぱり、新卒でないと、入口ってないのかも。就職のために留年をする人もいるけれど、それは、親が許してはくれないだろうな。

そう感じた実里は夢のドアが閉まっていくのを感じていた。

赤澤メソッドまとめ

3

未来に向けて、導火線に火をつける。
そして「やろうと決めた」ところで終わらずに、
実際に必要な学びや情報収集を始め、
インプットしたら、アウトプットする。

エピソード4

絶対にぶつかるお金問題に取り組む

エピソード4

絶対にぶつかるお金問題に取り組む

珈琲文明の中2階席に座って、実里はノートパソコンを開いて考えていた。

改めて、ノンフィクションライターの有田ゆき、カフェの本を専門で書いているライターの中野幸子の2名にも、アルバイト先を探しているというメッセージを送った。図々しいとは思ったが、この際何でもやろうと思った。

すると、有田ゆきから返事が来た。

〈知り合いの小さな出版社が、アルバイトを探しているから紹介しますね。〉

調べてみると、そこは、独自で書籍を企画している社員6名の小さな出版社だった。

〈お、お願いします!!!!〉

気持ち的には「大声で頭を下げながら」メッセンジャーに返事を返した。

「マスター」

実里は中2階からノートパソコンを抱えて階段を降りてきた。

軽やかさが出ていたのか「なんか嬉しそうだね」と声をかけられた。

「なんか、自分が勝手に自分に枠をつけて悩んでいるんだなーって思って」

マスターが、コーヒーカップを洗う手を止めてニッコリ笑った。

「経験があることによって首を絞められることもあるし、経験がないことによって首を絞められることもある。でもそれって、結局、首を絞めているのは自分。世の中も、人も、意外と誰も、人の首なんか絞めてる余裕はないんじゃないかな」

「本当にそう！　それ！」

学生ってやっぱり視野が狭いんだな。一生の仕事として、就活をして、内定をもらって、そこから先の人生はもう決まっているかのように思っていたのだ。

「マスター、人生のメンターを持つってすごく大事ですね」

「今は、多くの企業がメンタリング制度を入れて、社内社外関係なく若い人たちと熟練の経験を持つ人が交流しているからね。ただしね」

赤澤が含みをもたせながら言葉を続けた。

「実際にその業界にいる人から話を聞くと、ものすごく勉強になるし、確実に前進するけれど、それを実里さんの世界のすべてだと思ってはいけないんです。あくまでも、探究、研究していくテーマとして俯瞰《ふかん》して見ながら、自分の中に落とし込んで、そこから実体験を通じて、自分にとってのその仕事をしっかり見つめることが大切です」

「勉強したら、落とし込むっていうことですね」

「そういうことです。特に、初めて社会に出て働くときというのは、その世界がすべてになりがち。その世界にいるすごい人の意見には確実に影響を受けます。それはもちろん良いのですが、そうすると自分がやっていないことでも『この業界ってこうだから』という枠を作ってしまう。そうすると、本来はもっと広い視点で自由に模索できたはずのことが、誰かの経験と視点と考えをそのまま使おうとすることで、その自由を失うことになるんです」

「そっか。あまりにも素敵な人に会ったから、ものすごくテンションが上がってて、言われていること全部を神様のお告げみたいに聞いていました」

「もちろん、その高揚する感覚は持っていていてくださいね。ただ、俯瞰する目、研究者の意識だけは忘れないようにしてください」

❖

その翌週、実里は紹介してもらった出版社の社長に会いに行き、すんなりとアルバイトすることが決まってしまった。

「なんだったら、卒業まではインターンシップで、卒業したら正規の社員として働いてくれていいよ」と社長が言った。

「小さな制作会社は人手が足りないから」

信宏の言葉を思い出す。ありえない急展開に面食らってしまったものの、改めて「ああ、これが、あのおじさんたちの人生を切り開く手法なんだ」と、納得するしかない実里だった。どうやら有田ゆきは、実里がカフェや海外に興味があることを考えて、カフェ本などを企画しているこの出版社を紹介してくれたようだった。

――そうか。学校では教えてくれないことは、実際に、それを体験している人から教わるのが早いし、知っている人に道を聞けば、近道がたくさん見つかるんだなあ。

実里は、何かを成し遂げた大人たちの生き様から学ぶことで、より自分の人生に可能性が広がるのを感じていた。そして、先日赤澤から教わった俯瞰する目は、常に意識しようと心新たにするのだった。

——さて、私はここから「ライターとしての1万時間」をしっかり積み上げていかなくちゃ。

❖

カランカラン。

面接に行ったその足で白楽に向かった実里は、珈琲文明のドアを開けた。

そこには、いつものように信宏の姿があった。

「あれ？　なんか実里ちゃんニコニコしてるけど」

「私！　なんと、アルバイトどころか、出版社への就職が決まっちゃいました！」

「おめでとう！　やったじゃないか！　すごいすごい！　一歩踏み出したね！」と信宏がハイタッチで喜んでくれた。赤澤も、ニコニコしながらカウンターの向こうで「おめでとう！　そうなるって思ってましたよ」と言ってくれて、なんだか、最強の応援団がいることが嬉しくて、思わず涙してしまった。

「実里ちゃん、実は僕もね、1つ決断をしたんだよ。カフェをね、来年の8月にオープンすることに決めたんだ」

信宏は、この人気喫茶店の土日の激混みを避けて、平日はほぼ毎日のように入り浸り、赤澤に話しかけていた。

「不思議ですが、決めると、逆算して、何をしなくてはならないのかが見えてきて。時間やお金のことが現実味を帯びてきました」

「仮だったとしても日程を決めるのはめちゃくちゃ大事です。延びればその分、未来への不安、お金の心配などが出てきますからね」と、赤澤はいつものように笑顔で答えた。

信宏にとって、目下、心配はお金のことだった。ラジオディレクター時代は、忙しすぎてお金を使う暇さえなかったから、ある程度の貯金はあったのだが、実際に、カフェをオープンすると決めると、ザックリ考えても、1000万はかかる。半分くらいは借り入れをしたとして、返済額と、店の家賃、それらをクリアしながら売り上げを上げつつ、ただ数字を求めるのではなく、理想の店を作っていく。

それを考えると、やる気と同時に不安が襲ってくる。

「マスターは、店を出したとき、不安はありませんでしたか？」

「ありましたよ、もちろん」

「お金の不安は、どうやって乗り越えたんでしょうか？」

神妙な面持ちの信宏のそばから実里も身を乗り出してこう言った。

「私も、いずれは独立したいので、お金についてはいろいろ知りたいです！」

「では、そろそろ、お2人には、お金のマインドについてお話ししましょうか」

マスターの授業4

後々ものすごい威力を発揮するお金と行動の授業

経営者になったつもりで動き出す

今、サラリーマンで、会社勤めをしていたり、学生さんだったり、育児中で、すぐに自分のやりたい方向に舵を切れないという人や、辞めることに躊躇《ちゅうちょ》しているという人。

めちゃくちゃ朗報です！

今の環境をまずは最大限に活かして、予行演習をしてみてください。

予行演習、というのは、「経営者としての感覚」を身につけるということです。

実は、脱サラして起業をし、フリーランスや個人事業を興《おこ》すとき、壁になるのは、雇われていた感覚でしか生きてきていないということであったりします。もちろん、雇われているときというのは、雇われている側としての苦悩や大変さがあるのですが、その逆の視点を持つことによって、仕事の仕方というのはガラリと変わります。そして、今の仕事がやりたいことであろうとなかろうと、アルバイトであろうと、パートであろうと、経営目線で物事を見て、行動することによって、そのセンスは確実に磨かれ、動きが変わってきます。

私は、結果的にではありますが、大手の塾の正社員になり、教室長として経営に携わったことで、その経験を得ることができました。

やりたいことを仕事にする。

そう考えたとき、それはただの趣味ではなくて、きちんと利益を出してこそ成り立つ、ということになります。そして、そのときになって初めて「ああ、会社というのはさまざまな人たちが動くことによって、利益を出し、回っていたのだな」と気づくことになるのです。

私の場合もやはりそうでした。

大学卒業後は12年間、フリーターとして塾講師をやっていました。それから、教室数も生徒数も日本で1番の塾で東証一部上場の企業。そこに社員として雇われ、試用期間中に配属されたのは、日本一の忙しい教室でした。最初に命じられたのは、なんと、教室の机を拭くこと。そして、事務作業。封筒に生徒の宛名書きをしたり、ポスターを貼ったりの図画工作的なこと、チラシのポスティング。さすがに、「自分の教室」という感覚でない限り、熱心にはなれないことが多かったのです。ある意味、この時期がサラリーマンとして一番つらかった時期でもあります。

その理由の1つとしては「自分の居場所がない」と感じていたから。人は、自分の居場所があると感じられず、先の見えない不安があるときが一番苦痛なのではないかと思います。

半年後、山梨県の教室に異動になりました。新しく立ち上がる教室の運営。転勤のある会社員の定めを改めて実感することになりましたが、「いつか自分で何かしたい」と思っての就職だったので、経営者目線で仕事をすることができました。

そうすると、物の見方が大きく変わるのです。

生徒1人ひとりにただならぬ愛着が湧き、教室が職場というよりも、自分の部屋のような感覚になり、塾への入会面談に、２時間かけて生徒と親を納得させて入会させる。結果的に、半年間、やめる子どもはゼロ。この記録は十数年経つ今も破られていません。同時に、その頃には、私が入社後につらいと感じていた雑務でさえ、さまざまな工夫をして、オリジナリティを生み出していました。当時親御さん向けに勝手に発行していた手書きのニュースレターが、今の、珈琲文明で毎月発行している「文明通信」にもつながっています。

ですから、もしも、喫茶店経営を目指しているけれど今はまだ動けないという場合や、やりたいことがあるけれど先にお金を貯めなくては、と思っている場合、同時に今すぐにできる重要なことが「経営者として仕事をしてみる」ということです。

私が調べたデータによると、起業後1年以内に廃業する会社は30～40％にのぼり、3年以内で70％、10年以内で、実に93％が廃業するのだそうです。さらに、個人で起業して10年後にうまくいっている人は２５００人に３人。

ここには経営感覚のないままの起業の影響が大きい気がしています。経営感覚がないまま独立しても、私の感覚では大抵はうまくいきませんが、逆に、経営者としての感覚を養って独立すれば、うまくいく確率は格段に上がります。

今の自分を最大限に活用するお金の貯め方、動き方

「やりたいことが見つからない」

学生さんから脱サラをしたい中年層まで、そういう声を聞くことがあります。

もしも私がそういう方からご相談をいただいたら、こう即答します。

「なら、まず、お金を貯めることです」

どういうことかというと、やりたいことが固まったとき、やりたいことをやろうとするとき、絶対的に必要なのがお金です。これは大切なことなので、後の講義でもしっかりとお伝えしていきますが、どんな夢をかなえようとしても、どこかの段階で必ずお金が必要になります。

スガシカオというミュージシャンをご存知でしょうか。私がとてもリスペクトしているミュージシャンなのですが、彼は、脱サラミュージシャンです。30過ぎてデ

ビューした遅咲きの彼ですが、これは下積みが長くてやっと芽が出た、のではなく、大学卒業後はサラリーマンになり、4年間は会社員。夢を諦めきれずに脱サラをして2年間曲作りのために引き籠り、30代一歩手前で現在の事務所の社長の目に留まってデビューすることができたのです。

この、引き籠りの時期の生活を支えたのは、サラリーマン時代に貯めた200万円の貯金だったといいます。もちろん、ミュージシャンを目指す若者の中には「キャベツだけを食べて必死で頑張った」というような根性話も溢《あふ》れていますが、年齢を重ね、会社員であるなら、最大限それを利用して、今からお金を貯められるだけ貯めること。

いずれ、「これだ」と思うやりたいことを見つけたときや具体的に動き出すときに、お金が力を貸してくれます。

私は、大学卒業後12年間はフリーターとして塾講師をしていました。それまでの貯金はゼロでした。でも、独立することを目指して、34歳で初めて会社員になりました。その頃はまだ、個人経営の塾をやろうという考えもありましたから、大手の運営に携わりながらお金が貯められるというのは非常にありがたい環境でした。

基本給の低い世界ですので、出来高や歩合給、ボーナスをアップできるように頑張りはしましたが、ちょうど、山梨へ転勤になるタイミングで結婚したこともあり、2人で生活しながらの貯金。4年間で600万近く貯めました。そして、同額の600万円を国金から借り入れました。

というのも、飲食店を開業する人の平均として、自己資金3割、融資7割という統計があります。しかしながら、私が調べた結果、自己資金が5割だと融資が通りやすいということを、業界研究の中で知ったからです。

いずれ独立を目指すなら、お金を貯め始めるのは早い方がいいのは確かです。

お金がないからやらない、をやめる

喫茶店を始めるとしたら、やはり、開業資金は必要です。これは絶対。

一方で「新しいことに挑戦する＝お金が必要である」という考えに囚《とら》われていたら、

きっと、一生、何も実現できません。なぜなら、お金って、生み出すものだからです。「でも、実際にお金がないし、お金を用意できる器《うつわ》もないし」と言い出したらもう、それは、「やらない」「やりたくない」と言っているのと同じ。その感覚でいると、事業を始めても失敗するのが目に見えていますから、手を出さないのは賢明かもしれません。

ちなみに「好きなことばっかりしていたら、食べていけない」というのは、妄想です。なぜ断言するのかというと、私は食べていけているからです。

さらに、「好きなことをしなければ」もっと言えば「我慢して働いていれば」食べていけるのか。これも妄想です。なぜ断言するのかというと、やりたくもない仕事を必死にやっているブラック会社の社員でも、大企業で頑張って働いているお父さんだって、リストラされることはあります。

ではなぜ、この妄想に取り憑《つ》かれているのか。

育った家庭の中でそういう言葉を聞き続けたからかもしれません。または、実際に好きなことで食べていこうとして失敗した経験があるのかもしれません。

そうすると、「好きなことばっかりしていたら、食べていけない」という価値観に拘束されます。人は一度出来上がった価値観から出たくない生き物ですから、なかなかそこから出られません。そして「お金がないからできない」と言ってしまうわけですね。

確かに、今、お金はないかもしれません。

でも、今すぐにお金を生み出す方法ってないでしょうか？　今、即答で「ない！」と言われた方、これもまた妄想です。たとえば、今流行《はや》っているインターネットでのフリーマーケットで、家にあるものを1つ売ればお金にはなりますよね。また、派遣会社に今から登録しに行って、軽作業の日雇い労働をすれば、明日には、数千円は手元にあることになります。

そう、お金を作る手段はあるわけです。

問題は、お金ではなく、お金のせいにして、動かないということ。

それに気づくだけでも、一歩踏み出す力は備わります。

やりたいことをやるためにお金を貯める

信宏の喫茶店自己資金戦略

別の日、信宏は1人で珈琲文明を訪れて、赤澤にお金の相談をしていた。

「実は、お金はそこそこあるんです。会社員時代に忙しくて使う暇もなく、貯めていましたから。喫茶店を出すに当たっては、お金の問題って重要ポイントなので、もっと掘り下げて教えてもらえますか？」

「もちろんです。ちなみに、ワンオペレーションで店を出すと考えると、どのくらいのお金がかかると思いますか？」

「赤澤さんが言われていたように1000万ほどですかね」

「そう、1人でやるお店の場合は、10～20坪ほどのスケールが望ましく、開業に当たっては1坪100万円かかるというのが、私が調べ、実感したことです。つまり、1000万〜2000万円かかるということになります。この金額は、店の内装から物件の取得、当面の運転資金もろもろひっくるめた合計と考えてくださいね」

「ざっくり1000万くらいかなと思っていましたが、もっとかかるんですね」

「もちろん、『そんなにかかるの？』と言う人は出てきます。さらに『そんなにかけなくてもできる！　僕に任せろ』なんて人も必ず、これはもう必ず出てきますが、耳を傾けてはいけません」

「居抜きという手段はどうですか？」

「居抜きは、設備がそのまま活かせる利点はもちろんありますが、すでにかなり消耗していて実はかなり近い将来修繕が必要になったり、自分がやろうとしているワンオペレーションの動線が取りづらく、非効率でストレスが蓄積して、徐々に夜の呑み代が増えたり、やる気がなくなっていったり、ということが容易に想像できます」

「そこまで考えての金額なんですね」

「さらに、費用を抑えようとして、立地を我慢して家賃を抑える、というのも、結果的にお客様を呼べない店になる可能性が高い。立地についてはまた改めてお伝えしますが、あなどってはいけません。というか、絶対に妥協してはいけない。さらに内装ですが、内装をひたすら安く上げて見た目の魅力ゼロ、ですと、喫茶店としての魅力ゼロになります。喫茶店とは、おいしいコーヒーと3つ目の居場所を得られる空間なのです」

「3つ目の居場所？」

「そうです。自宅、会社、そして自分らしくいられるもう1つの場所、『サードプレイス』です。その空間を作り上げることに、労やお金を惜しんではいけません。コーヒーがおいしいことは当たり前ですが、喫茶店って、いただく代金に、空間を提供していることが含まれているんです」

「結局は、安く上げようとすると、喫茶店本来の機能が損なわれて、何かにしわ寄せが行ってしまうということですね」

「そうです。結局、そこを補塡《ほてん》するために修理費とか広告費とか、お金が必要になって、総額はだいたい同じあたりに落ち着きます。それが『坪百万円』の黄金律です」

「今手元にあるお金はだいたい500万ほどなのですが、それと同じくらいの金額を国金から借りるとなると、それはなかなかに怖いことですね」

「そうでしょうか。考えてみてください。多くの人が、お金を借りて事業を興すとなると躊躇しますが、それは、自己資金が3割くらいまでの人です。貸し手側も、このくらいの人にはかなり手厳しくて、本当に返せるのか、ものすごく突っ込まれます。逆に5割は自分で貯めたという人というのは、もしもあと5割が返せなくなったとしても『きっと、この人は自分で貯めて返せる』という確信がある。それは、自分自身にとってもそうなんです。500万を貯めるのにかかる日数は人それぞれでしょうが、それを、日常生活を送りながら、マラソンのように貯められるかどうか。それは、『もしものときは自分で返せる』という自分への信頼であり、確信ですし、自信であって、事実ですからね」

「なるほど。ちなみに、自分でそんなに貯められないという人は、起業しない方がいいということでしょうか?」

「喫茶店に関して言えば、私はそう思います。しかし、たとえば、実里さんのように、腕一本で食べていこうとしている人が独立する場合は、店舗を持つ必要がないのでその限りではないと思いますよ。趣味の世界を究めながら徐々に仕事にしていける職種もありますしね」

「確かにそうですね。ちなみに、喫茶店に話を戻すと、自己資金が5割あれば、親からお金を借りるという手段はありだと思いますか？」

「それはもう、ありでしょう。ただし、その場合は『絶対に返す』という感覚を、身内だからといって緩くしないことが大切なので、事業計画書をきちんと提出して、契約書を交わす心構えがあった方が、事業はうまくいきます」

「なるほど。すごく勉強になりました」

信宏はすっかり静かになった商店街を、夜の日雇いの仕事に向かうために駅に向かって歩いた。ラジオディレクターをしながら貯めたお金で独立しようと思っていたから、貯蓄はそこそこ。残りは親から借りる方向で、検討してみることにした。

――そうだよなあ。独立するところまでが、夢じゃない。そこから続けていける店にしていくことこそが、夢を実現させるってことなんだな。

信宏は改めて気持ちが高揚するのを感じていた。勇気と責任感と自由。そのすべてを少しずつ感じながら、これからの自分の道筋を考えつつ帰路についたのだった。

——喫茶店は、人々のサードプレイス。

赤澤が言っていたことを思い出していた。

信宏がラジオの仕事に興味を持ったとき、まさに同じことを感じていたのを思い出したからだ。家庭で嫌なことがあっても、仕事や学校がつまらなくても、ラジオから流れてくるＤＪの話や、初めて耳に入ってくる音楽。そこには未知への発見があり、また、その世界に浸るときはラジオの世界こそが自分の居場所であり、サードプレイスであることに間違いなかった。

これまでもやってきたサードプレイスの提供。そう、喫茶店で。ラジオから聞こえてくる音楽や話ではなくて、空間で生み出していくのだとしたら、それは、とても自分らしい生き方だと思えた。

実里の留学計画

実里は、ノンフィクションライターの有田ゆきとカフェでランチをしていた。

就職先を紹介してもらったことのお礼も伝えたかったのだが、有田の仕事についても聞きたかったのだ。

「本当にありがとうございます」と深々と頭を下げる実里だったが、有田は朗《ほが》らかにこう言った。

「夢をかなえたいって思いには、応えたいと思っちゃうのよ。前に少し話したけど、私は、偏差値で生き方を決められることに疑問があって。結局、大学へは行かず、そのまま、やってみたかったコピーライターの専門学校へ行って、広告会社でアルバイトを始めたの。時代が良かったのもあるけれど、そこからさらにある人の紹介で、大手の出版社を紹介してもらったんだけど、実はそこでぶつかったのが、正社員には、大学卒業している者という条件。つまり、学歴の壁だったの」

「え、そうだったんですね」

「ええ。この前はあえて言わなかったけれど、大学を出ているかどうかで一部の道は閉ざされることがあるかもしれないのは事実なんだけど、そのときに思ったの。『今から大学へ行き直すよりも、自分のやりたいことを究める方向で、好きなことをとことんやってみよう』ってね」

「お強いんですね」

「そんなことないわよ。決めるまでは、やっぱり『夢やぶれた』『私じゃダメなんだ』って思って、塞ぎ込んだりもしたわよ。でも、人間ってやっぱり、決めちゃえば、道って開けるものだと思うし、実際そうなった。正社員がダメならって、アルバイトを紹介してもらって、雑誌社に入って、取材の仕方を学んで、人の取材をたくさんこなしていくうちに、『ノンフィクションライター』としてインタビューの本を出したいって思うようになったの。だから、『ライターになりたい』っていう人から、こうやって連絡があるときは、必ず、きちんと話を聞いて、できる限りのことを伝えさせていただくようにしているの。そうやって、自分も支えられてきたから」

——人に歴史ありだなあ。

と、実里は思った。そして、きっと、赤澤や信宏も、そうやって、好きなことに向き合い、挫折し、また向き合い、人生を歩んできたのだと思いを巡らせた。

「私も、有田さんのように、文章で食べていきたいです」

思わず、前のめりにそう言葉に出していた。

「カフェとそこに関わる人が大好きだから、それを紹介していけたらって思っていて。さらに、英語が好きだから、海外のカフェなんか取材できたらなと思っているんです」

「やりたいことがはっきりしているって素敵なことよ」

と、有田が嬉しそうに笑った。

自分の話を聞いてくれる人がいて、肯定してくれる人がいるというのは本当に力強い。実里はこう続けた。

「私、子どもの頃からあまり友達が多い方ではなくて、引っ込み思案だったから、いつも、本を読んでいました。本という存在がとても大切。だけど、やりたいことをやっている人にも、最近はすごく興味があるんです」

「なるほど。本の力を信じているからこそ、この仕事に就きたい、というわけか。その気持ちはとてもわかるなあ」

それから有田は、具体的にこれからの実里の道筋について1つずつ聞き、その上でアドバイスをしてくれた。さすがは、インタビューのプロ。話しているだけでどんどん頭がクリアになっていく。

まずは、ただ雇われているだけでなく、自分がやりたいと思うことを常に意識しながら1つひとつの仕事を丁寧にこなすこと。これは、赤澤も言っていたことだった。さらに、カフェの取材は「今は、これだけネットで情報が取れる時代だから、よっぽど、読みたいと思わせる特別な情報や見せ方が必要ね」と、独自性を追うことを促した。

「その上で、コツコツとやっていく必要がある英語の勉強は、コツコツやってくことかなあ」

「どの程度同時進行でやっていけばいいのか迷います。まずは、せっかく紹介していただいたアルバイトを頑張って、正社員になったら、いずれ留学するためお金も貯めながら、インタビューや書く技術を磨きながら、英語の勉強をする……考えただけでも、なかなかハードだなって思って」

「興味があること、好きなことを追っていくのだから、きっと楽しいと思うよ。まだやってもいないことに対して、自分で勝手にハードルを上げないこと。やらないうちから不安になってたらもったいないよ。それに、若いうちだからこそ、勢いで頑張れることもある。ただし、こうやって、すでにその道を行く人間の話を聞いてから進めば必要以上の回り道をしなくて済むしね」

有田はそう言って、より一層笑顔になった。

ランチの帰り道、実里は考えていた。

――いずれは独立するとしても、まずは、執筆の経験だな。経営者の視点で、仕事をしてみよう。それから、お金については、留学を目指すことも考えて、貯められるだけ貯められるように考えてみよう。

学生のうちのアルバイト代と初任給。今は、親からの仕送りがあって一人暮らしをしているが、少しでもお金を貯めるとすると、通勤に時間はかかっても、実家のある埼玉へ帰った方が良いかもしれないと思い始めた。

――――または、シェアハウスに住んで、少しでも経費を抑えるか。それなら、外国人の多いシェアハウスを検討してみようか。英語のブラッシュアップをしながら、経費を削減できるかもしれない。

湧いてきたアイディアに思わず笑顔になった。

人生の先輩たちから学び、そして、自分で考えることによって、さまざまな方法が見えてくる。1人で悶々《もんもん》と考え込んでいた頃からすれば、ほんの少し、勇気を出して動いただけで、こんなにも、人生の選択肢をたくさん持つことができるようになっていることが嬉しかった。

赤澤メソッドまとめ

4

店の経営を目指すならお金を貯めるのは最優先事項だが、
経営者の視点と、お金を意識しながら
未来の計画を立てていくことで
やりたいことを仕事にし、
さらに、続けていく強さが身についてくる。

エピソード5

追い風と向かい風が同時に吹くとき

エピソード5

追い風と向かい風が同時に吹くとき

アルバイトとして入った出版社で、実里の新たな挑戦が始まった。

編集プロダクションが版権を得て書籍を作るようになった小さな出版社。細かい雑用も皆で手分けしてやっている印象があり、最初に任されたのは、出来上がった書籍を関係者に郵送する仕事であったり、経理の経験を買われての経費精算であったり、本作りや書くことに携われない日々が続いた。

でも、それに対しても真摯《しんし》に取り組むことができたのは、赤澤が話してくれた、赤澤自身の会社員時代の話のおかげだった。

「雑務を、雑務だと思ってやっていると、ただひたすら苦痛になってくる。だから不平不満を言わないってまず決めてしまうことが大切。決めちゃえば言わない。言わなければ、不平不満ポイントではなくって、他のところに目が向くようになる。

それから、自分が経営者であると思ってそのことを見てみる。すると、雑務って実は雑務ではなくて、ものすごく大切な仕事の一部なんだってことがわかってくる。塾のポスター作りであろうと、それが、その会社を維持していくために必要なことであり、結果的に、子どもの未来を決めるための情報になるのだということがわかってきたんだよ」

その言葉を思い出すと、本を郵送するだけでも、自分がいずれ携わった本を送ることをイメージしながら、丁寧に作業することができた。

これまで実里は、イベント会社での会場設営や事務職で経理のアルバイトをした経験があったが、自分がやりたいこと、実際に自分が職業として目指すものの第一歩と考えると、これまでとはまったく違う感覚があった。と同時に、「仕事をする意識」がこれまでは欠如していたのだと気づくことも多かった。

経営者になったつもりで職場に向かうと、見えてくるものがまったく違っていたのだ。支給されるパソコンや複合コピー機を自由に使えること。これは、経理のアルバイトをしていたときはあって当然のものだったが、経営者の視点で見てみると、それらをすべて揃え、社員に働いてもらわねばならない。コーヒーはいつでも社員が飲めるようにケータリングが用意してあり、ポットもある。それらはすべて当たり前にそこにあるものではないのだと思うようになった。

卒業までの半年は雑用で過ごし、そのまま晴れて正社員となった。少しずつ本作りに携われるようになると、それが、原稿の誤字脱字チェックだけでも本当に嬉しく思えるのだった。

❖

「内定の会社はお断りして、出版社でバイトを始めたよ」

実里がそう伝えたとき、一緒に暮らす実家の両親の反応は微妙な感じだった。

父親は、何も言わなかったものの内定が決まっていた会社を断り、特殊な業界へ足を踏み入れた娘を憂いているようだった。一方、反対するであろうと思っていた母親はというと、「実はお母さんも昔、フラワーデザイナーになりたいと思って夢を描いたことがあったわ」と言った。それは実里が初めて聞く話だった。

「お母さんが社会に出た時代ってまだ、女性がバリバリ活躍する時代でもなくて。

ちょうど、総合職が出てきたくらいの頃だったわ。大学を出ていても、なかなかね、重要な役割って任せてもらえなくて。子どもの頃からお花をやっていてお免状を持っていたし、西洋のアレンジメントにも興味があって習っていたから、会社を辞めてその世界に入ろうと思ったことがあるのだけど……勇気が出なかった。実里は、良い人生の先輩たちに恵まれたのね」と言って嬉しそうだった。

——人生の先輩たちには、さまざまな思いと経験があるのだなあ。

我が親のことながら、その歴史をまったく知らなかった自分に気づいた。そして、夢を応援してくれる器の母親を持ったことをありがたいと思ったのだった。

学生時代から付き合っている彼はというと、反対こそしなかったが、ものすごく応援してくれているというわけでもなさそうだ。それはそうだろう。事務の仕事で土日完全にお休みだったはずの実里が、締め切り前は土日でも原稿を抱えてカフェに入り浸っている日が増えたのだから。これについては、これからも彼と一緒に人生を歩んでいくのであれば、理解してもらう必要があるとは思ったが、今のところ、そこまでは考えられなかった。

❖

一方信宏はというと、両親にお金を借りるつもりではいたが、可能な限り自己資金を貯めようと、日中は派遣社員として広告会社で働くことにし、夜は体力の許す限り日雇いの軽作業の仕事をし、さらにお金を貯めていった。

さすがに40歳を過ぎた人間にこの働き方は過酷だったが、期間限定であるということと、あとで返済するお金が少なくなると考えるだけで、気力は続いた。

――期間を決めるって本当、重要だなあ。

さらに、親にお金を借りるための事業計画書をまとめるために、足繁く珈琲文明に通っていたから、人生で一番忙しい時間が今だろうということはなんとなく感じてもいた。どういう店にしていくのかを考えるのは楽しかったが、ある日赤澤にある質問をされた。

「A、B、C、Dの4つの店があるとして個人の主観で点数をつけたとします。

Aが70点、Bが60点、Cが50点、Dが40点だったとして、100人のお客さんはどの店に何人くらい行くでしょうか？」

「ええっと、単純に考えると、Aが40人、Bが30人、Cが20人、Dが10人ですが、きっとそんな簡単な話ではないですよね」

「そうですね。普通に考えてもっと格差が出ると思うでしょう。たとえば、Aが70人、Bが30人、CとDはゼロ、というように。でもずばり言いますと、これ、答えはAが100人で、その他は全部ゼロと考えるべきなのです」

「考えたこともありませんでしたが、確かに、自分が客として考えたら、たまたまAが臨時休業でもない限り、他の店には行きませんね」

「これ、言い換えると、Aだけが黒字で、あとは赤字、ということになります。これは、私が何百軒もの喫茶店に足を運び、実際になくなる店なども見ての感覚なので、大袈裟な話ではありません。これが、喫茶店の『普及の時代』であった80年代ならば、Bはまだ黒字が可能だったかもしれませんが。『成熟の時代』を通り過ぎ、外資のフランチャイズのカフェもこれだけ増えてきた今は、お客様が喫茶店を選ぶ『選択の時代』です。この時代に生き残れるのはAだけです」

「なるほど。狭き門ですね」

「そう。そして、喫茶店や飲食店経営について書かれた本やアドバイザーの多くは、このくだりで終わってしまっている。それだと、どうやってAになればいいのかわかりませんよね。でも、これにも答えがあるんです。それは、『平均をちょっとだけ上回る』ということです」

「ええ！　圧倒的に抜きん出てないとAにはなれないと思うのですが」

「そう思うでしょう？　でも、プロ野球選手で言うならば、イチローになれるのはものすごい確率ですよね。これが喫茶店Aだと思いますか？」

「いや、それは違いますね。僕の感覚ではありますがイチローは100点、いやそれ以上であって、70点の店ではない」

「そうですよね。私もあえて主観で語りますが、イチローとかベーブ・ルースとかそういう人はまた別の次元にいます。ただ、沢村賞レベルのピッチャーがいたとして、実は他のピッチャーと実力の差はないと考えています。なぜか。プロ野球の投手なんて、高校時代は皆、地元一番のエースで4番でしょう？」

「確かに」

「それが集まって野球をやるわけだから、ほんの少し周囲を上回ることでエースになれる。ほんの数ミリだけスライダーの落ちがいいとか、集中力が切れないとかそういうレベルだということです……なんて言うと、『素人はこれだから困る』って声がガンガン聞こえてきそうですが、ここはたとえ話なのであえて無視します。じゃあ、どうやってほんのちょっと上回るのかというと、加算可能なところにはとにかく『ちょっと多め』を目指すということなのです」

「なるほど。徹底したコスト削減などしないということですか。そういえば、内装などについても、安く上げようとし過ぎると首を絞めると言われていましたよね」

「もちろん、大手のチェーン店などは、企業努力として『コスト削減』が生き残っていく手段になるでしょう。ただ、個人店がこういう引き算をすれば、利益をあげる以前に、そもそも人が来ない。そうすると、当然店は潰れます。足し算は確かにコストがかかりますが、逆に、ほんの少しのコストをかけるだけで、プロ野球選手がものすごい努力を重ねて得ようと思う『ほんの少し抜きん出る』ということができるわけです」

「す、すごいですね。その発想」

「でも、これって真実だと思いませんか？」

「確かに」

「そして、標準をほんの少し上回るためには、スタンダードをデータだけでなく体感で知ることが大切です。だから、書籍を読んだり、喫茶店にとにかく足を運んだりして欲しいのです。コーヒーの味、内装、カウンターの奥行きのサイズ、メニューの質量、スイーツの味……多岐にわたる細かい部分のスタンダードを突き止めて、それをほんの少し上回るようにする。これは、安売りしない、ということにもつながっています。たとえば、珈琲文明でお出ししているコーヒーは、全国平均でのコーヒーの価格の400円よりは上の630円です。ただし、ただ高いだけでは当然お客様も納得がいかない。だから、最高級の豆を通常より多く使い、サイフォンコーヒーでお出しして、1・5杯分になるようにしているわけです」

「なるほど。しかし、コーヒーは薄利多売ではなく意味を持たせて価格を上げるとしても、それ以外の内装もメニューも、スイーツの味も、全部少しずつ平均を上回るとなると、コストも結構かかりそうですね」

「もちろん、予算の限界は生じるので、それをすべて考えた上で、優先順位を決めるのです。ある部分によっては、バッサリと切り捨てることも、逆にウリになることがあります」

「切り捨てる？」

「たとえば、珈琲文明では食事を出していません。ここで、食事を出す喫茶店を上回ろうとすると、コスト的にはかなりリスクが高くなりますが、出さない、と決めることで、コーヒーだけを楽しみたい人が集まります。また、コーヒーに混ざって食べ物の匂いがしないことは、コーヒーを楽しむという意味で、ほんの少し抜きん出ることにもつながるわけです」

「なるほどなあ」

改めて、自分が生きていく分野を研究し尽くし、時代性などを俯瞰して自分の店を作り上げることの重要性を実感するのだった。

❖

信宏は喫茶店のオープンに向けて動き出し、実里はライターへの一歩を踏み出し、珈琲文明には足繁く通っていた。実里にとって信宏は、赤澤と同じく、何かを1つ成し遂げた大人としてアドバイスをくれる存在になっていたし、信宏にとって実里は、カフェ通のお客様目線で意見をくれる貴重な存在になっていた。

「それにしても、ここに初めて来たときは、これからの人生どうしようかと未来に不安を抱えていたけれど、目標ができると人間、不安なんて感じる暇がなくなるものですね」

信宏が独り言のように言うと、実里が深くうなずいた。

「あの日、たまたまここにいて私は本当にラッキーでした。就職が決まっていたけれど、私は、社会に出て仕事をするってこと、全然わかってなかったし、モラトリアムだったんだと思います。最近、自分の強みや、自分が書いていきたいテーマについて、かなり真剣に考えているんです。私だから伝えられること、読む人が元気になれるものってなんだろうって」

「新卒社員で、そこまで理解して、しかもやりたいことに邁進できるってのは、本当にすごいことだよ。僕も、ディレクターになろうと頑張っていた頃はガムシャラだったけれど、自分がそこに到達することの方が優先で、リスナーのことを考えて企画できるようになったのは経験を積んでからだったからね」

「マスターや、ライターの大先輩たちのおかげですね」

「私たちは、実里さんが突き進んでいるのを見ながら、『おじさん組も、もっと気合入れなきゃ』って話しているところですよ」と赤澤がコーヒーの入ったフラスコを差し出しながら言った。

「それにしても、応援してくれる人の存在って大きいけれど、意外と、批判されることも多いなって感じています」と実里が言うと、信宏もうなずいた。

「本当、何か始めるといろいろ言う人がいるからね。僕も、『喫茶店を始めようと思っている』なんて言うと、『このご時世、飲食は大変だからやめた方がいいよ』なんて言われることもしょっちゅう。いちいち聞いてたら、進めなくなるけれど、多くは本当にこちらのことを思って言ってくれてもいるから『ありがとう』って聞いたうえで突き進むしかない。ですよね、マスター」

「そうですね」

「でも、何かに熱中していることを友達たちから『そういう仕事、大変だよ』『独立目指すとか、本気?』なんて言われたりすると、ちょっと凹みますよ」と実里が言うと、赤澤が嬉しそうに笑ってこう言った。

「何かを始めるときは、実は、誰にも相談せずに進める方がうまく行くのです。誰かに相談して、止められて落ち込むときというのは、まだ、自分の中での決意ができていないとき、とも言えます。自分で決意して、やると決めた人間には、誰も何も言わないし、相談する必要すらなくなります」

「そっか、私が迷っているから、友人たちが止める方向で話をしてくれる、ということなのかもですね」と実里が言うと、赤澤が、こう言った。

「そろそろ、クレドについてお話ししなくてはですね」

マスターの授業5

かなえた夢を継続するためのクレド(信条)の授業

自分の信条を決めて全《まっと》うする

やりたいことを仕事にすると決め、動き出すとき、決めておかねばならないことがあります。それは、「クレド」、つまり、信条です。

私にとってのクレドは、

「自分自身や家族が幸福で、健全で、堂々と、公明正大な運営をすることで、そこに集まるお客様にも幸福をもたらしたい」

です。

というとものすごく、俺様主義に見えるでしょうか?

でもこれ、1年くらい考えて考えて、悩み抜いた挙句《あげく》にたどり着いた自分が好きなことを仕事としてやり続けるための、スローガンなのです。

どうあることが、どうあり続けることが一番、健全であるか。

まず、何よりも自分自身と家族が幸せであること。

自分自身が幸せであることは、良い仕事をするための条件のようなもの。

よく、心理学の世界なんかでは、自分の心のコップにあふればかりの水が入っていないと、人には分けてあげられない、と表現されていたりもしますが、やりたい仕事をすることによって自分が磨耗していっては意味がないのです。

特に、年齢を重ねてからの起業を考えるとき、提供する側の人間力、充実度はそのまま業績にも反映されます。また、自分が幸せでないのに、自分の家族を幸せにできないのに、幸せを提供する立場になどなれないと私は思っています。

これは、結果的に、お客様へのサービス向上と、店の雰囲気にダイレクトにつながりますから、非常に大切なことです。

ワンオペレーションの店の利点として、自分都合で店を休むことができる、ということがあります。これは会社員時代には考えられなかったことです。職業柄土日が休めないとはいえ、個人事業主なので「休みます」と言えちゃえる環境にはあるのです。ですから、子どもの行事や自分のバンドのライブの際は、土日に堂々とお休みをいただいています。普通に考えると「自営なのにいいの？」と思われるかもしれませんが、これもまた、クレドをしっかり決めているからこそできること。

また、通勤で大変ということもないので、子どもの幼稚園の送りは私がやっています。といっても、家から歩いて2分の距離なのでほんの少しの時間ですが、毎日その時間子どもと話すことは、私と子どもたちとの大事なコミュニケーションになっているのです。

さらに、親が楽しそうに仕事を生きがいとして働く姿を、見せられる仕事に就いていて、本当に良かったなと思います。

以前こんなことがありました。

小学生の息子が、珈琲文明に来ていたときのこと、私は、あまりにも行列ができると、お客様に「ものすごく時間がかかっていますから、おすすめはしません」とお断りを入れるのですが、それを見ていた息子がひとことこう言いました。

「それ、言っちゃうんだ」

クレドに従って、必要に応じてきちんとお断りする姿を息子に見せられたことは、父として誇らしいことでもあります。

クレドを決めておくことは、私が思い返す限り、利点しかありません。

お客様への対応にしてもそう。

最初に決めておくと、お客様や状況でコロコロと変わる店になることがありません。

サービス業である「お客様主義」や「おもてなし」「ホスピタリティ」について、私の主観でお話をしてみたいと思います。「お客様主義」を掲げて行動している店があったとします。ここに私が掲げた「公明正大」で「健全」であるというキーワードが入らないと、口うるさいお客様や、目立つお客様に偏《かたよ》ったサービスをしてしまうことになりかねません。つまり、目立つ人へのおもてなしがメインになってしまう恐れがあるのです。

しかし、私の店には、お越しになっても特に私と会話するわけでなく、珈琲文明を選んで、自分の時間をコーヒーとともに過ごしてくださる尊いお客様がいらっしゃいます。この方々を私は「サイレントロイヤルカスタマー」と心の中でお呼びしているのですが、ひたすら尊いお客様であり、珈琲文明のファンになってくださっている方。いくら、何もおっしゃらないからと言って、この方々をないがしろにするサービスは絶対にしてはならないと考えています。

ですから、明らかに他のお客様の居心地を悪くするような行動に出ている人に対しては私もアクションを起こすことがあります。が、「お金はいらないのでお帰りください」と言うことは絶対にありません。お伝えするとしたら他のお客様の邪魔にならないように「お会計を済ませて速《すみ》やかにお帰りください」です。

サイレントロイヤルカスタマーからはお金をいただいているのに、お金をいただかずに追い出す、なんてことはありえない。つまり、軸は常に、「至って普通にご利用いただいている善良な人たち」なわけです。

これが、実は店を続けていく上で、めちゃくちゃ重要なことだと考えています。

これはサービス業でなくとも、同じことが言えるでしょう。

たとえば、実里さんの場合は本の先に読者がいるでしょう。レビューを書いたり、直接感想を伝えてくれたりする方もいますが、著者や出版社にアクションを起こさない方の方が圧倒的に多いわけです。

これらのことをすべて加味して、自分がどうあるべきか、自分の仕事が何か、を徹底的に突き詰めてクレドをまとめていくこと。そうすれば、いざ仕事をしていくとき、ブレない自分で対応することができるわけです。

やらないことを決める

さて、クレドが決まったら、次にやることは「やらないことを決める」ということです。

そしてこれは、絶対に、夢を追い始めたときに決めるべきことです。なぜなら、この信条を最初に譲ってしまうと、後から調整が利かなくなるからです。

だから、「なるほど！　こうすればいいんだ」ということよりも「そうか、これはやってはダメなのか」ということの方が重要だったりするのです。

塾で働いていた時代に、こういうことがありました。

塾の入会規約には「授業を休む場合は、1週間前までに連絡があった場合のみ、振替授業を行う」というものがあったのですが、ほとんどの教室がこれをねじ曲げて、生徒、つまりお客様へのサービスとして当日だろうと、ずる休みだろうと、関係なく振替授業を受け付けていました。

このことが、徐々に塾経営の弊害となっていきます。振替をする生徒が増えすぎて席が足りなくなったり、生徒の士気が下がったり。ですが、ここで突然「入会規約にあるとおり、振替はできません」って言えるでしょうか。言ったとして、どうなるか。サービスをしていたはずが、お客様側からすると明らかにマイナスポイントになってしまいます。「このあいだまで振り替えてくれていたのに」という文句も出ます。当然ですね。

ではどうすれば良いのか。最初が肝心なのです。

「振替はできない」ということを、最初に明確にしておくこと。

そうしておくと、本当に致し方なく休む場合（身内の不幸や病気など）に、親御さんに対して小声で「今回に限って特別に振り替えますが、例外を認めたことになるのは良くないので、お友達にも知り合いにも内密にお願いしますね」と言うこともできる。

ですが、これはあくまでも、やらないことを決めておいた上での調整ポイントです。だからこそ、やらないことを決めるポイントはいつでも「最初」ということになります。

これを、喫茶店経営で考えてみましょう。

最初はお客様が来ないと怖いから、という理由で、大手チェーン店に価格を合わせて値下げしてしまうと、後から上げることなんてできなくなります。ですから、価格設定については熟考した上で、大手チェーン店と張り合わない、でも、きちんと利益が取れて、お客様も大満足、という価格設定にするということが大切です。

とはいえ、ただ高いのではなくそこに付加価値をつけることが必須です。たとえば珈琲文明ではサイフォンコーヒーではあり得ない量の豆を使って1・5杯分の量をお出ししています。全国平均でコーヒー1杯の値段は400円。1・5杯分楽しめて

630円であれば、結果的にお得です。

珈琲文明が最初に決めた、やらないことは「フードを出さない」ということ。ワンオペで喫茶店を運営していくならば、これは鉄則だと私は思っています。喫茶店での仕事の完全必須項目は「お客様を迎え入れて水を出し、オーダーを伺って、作ってお出しして、器を下げて、洗って収納する」となります。もちろんイレギュラーな要素は常に発生しますから、これは最低限の仕事となります。

お客様は、不思議と分散して来てはくれません。まったく別の3組が、同時、またはほんの少しの時間差でドドドといらっしゃることも少なくありません。

さらに、お客様から聞かれたメニューに対することへの説明、問い合わせの電話、宅配便の受け取り、グラスが割れたり、トイレットペーパーがなくなったりと、細々したことに1人で対応しなくてはなりません。

私が師匠として勝手に慕っているカルディのオーナーに「1人って、どこまでいっても、1人なんだよね」と言われたことがあるのですが、これは至極名言。これは、ネガティブワードではなく、このことをしっかりと受け止め、受け入れ、心してかかる、ということが大切なのです。

　こうなってくると、「作る」ということをいかに短縮するかにかかってきますから、フードを入れるにしても、カレーやスイーツなど、あらかじめ作っておける、提供に時間がかからないもの、に限定されます。ワンオペで働くことは、効率よく1人でこなしながらも、しっかりお客様に満足していただくということ。

　これは、飲食業に限らず、個人経営で夢をかなえたい人全般に言えることです。1人でどうやって、クオリティを下げずにこなしていくか。フリーランスだからといって断れずにいれば、クオリティは落ちますが、断るという行為は、なかなかに勇気が必要なのは確かです。

　あまりにも過酷で薄利なものをきちんと断れるかどうか。それらも含め、最初に指針を作っておかなければ、なし崩し的に、延々と働き続けることになりかねません。

　とはいえ、実里さんのように初めての業界で若手として経験を積むという場合は、薄利でもやってみたいことも出てくるでしょう。逆に、すべてを最初から断っていると積める経験も積めなくなる恐れもありますし、本当の意味で「やらないこと」を決められるようになるのは、ある程度、年齢を重ねてからということもあります。

なぜかというと「これは自分はやらない」という指針は、ある程度の経験値を元に判断できることでもあるからです。

そうすると、20代はある程度、ガムシャラでも良い、ということになります。

ただ、好きなことを追いかける際、気をつけなくてはならないのは、経験を積むことと、自分を延々と安売りし続けるのは違う、ということです。技術を磨いて、クオリティを上げていくことが目的なのだということを自分でしっかり理解しておくことが大切です。

そのためには、見通しをつけること。「1年間は何でもやる」ということであれば何も問題はありません。目標を決めた上で、それに向かうための下積みであれば良いのですが、喫茶店で言うところの「薄利多売でクオリティが下がる」ということがないように心がけてください。

最初にしっかりとキャパシティを考えて、やらないことを決めましょう。

人の話は基本的に聞かない

好きなことを仕事にしようとして、具体的に動き始めると、応援してくれる人と、応援してくれない人が出てきます。

これは、ある意味、自然な流れですから、応援者と、邪魔をする者、この両方が出てきたということは、自分がやりたいことに向けて順調に進んでいる合図だと思って、まずは喜んでください。

ここで大切なこと。まず、応援してくれない人の話は、一切スルーでＯＫです。

そして、基本的には、やろうと思っていることそのものについての相談は、基本的には、友人知人、家族にしないことをおすすめします。

考えてみてください。そこで揺れ動くようなクレドを打ち立ててはいないはずです。人から指摘されることで揺らぐようでは、まだ、それはクレドとは言えないということでもあります。

逆に、応援してくれる人がいるのは本当にありがたいことです。これらには心から感謝しつつも、その人の助言をすべて聞く必要はありません。「なるほどナーイス！」と思うことは採用し「いやそれどうなの」と思うことは選択しない。これにはある意味勇気がいりますが、それも最初のうちだけ。

自分の中のクレドがはっきり決まっていれば、徐々に「あ、これ違う」と瞬時に判断できるようになりますし、切り捨てることへの不安や罪悪感はなくなります。ある種、慣れが必要です。

もちろん、自分のクレドにもアジャスターは必要です。最初に決めたクレドというのは、ある種、好きなことをしながら生きていく上で普遍的なことを設定したわけですが、状況によって調整するポイントはあっても良いと思います。

ですが、クレドはいわゆる軸。軸がしっかりしていれば、どんなことを言われても、何があろうとも、すぐに原点に立ち返って決断することができるのです。

ちなみに、珈琲文明は土日になると結構混み合います。ですが、店内にお客様がひしめき合っていたり、満席状態のお店に行列ができていると、店内にいることが申し訳なく感じられたりすることが起きました。私がどうしたかというと、混雑を伝える札を作ったのです。

「申し訳ございません。ただいま、大変混雑しており、お出しするまでかなりのお時間をいただいております」と書かれた札を店頭に出し、さらに口頭でも「ただいま、お出しするまでに相当時間がかかっておりますが、大丈夫でしょうか」とお尋ねするようにしています。そこで帰ってしまう方はたくさんいます。それを「機会損失じゃないか」と思われる方もいるかもしれませんが、これは決して損失ではなく、店内にいるお客様の居心地を保つための、ライフサイクルの延命措置なのです。

それくらいに、クレドを掲げてそれを守ることは、長く続けていくための鍵であり、ブレずに日々決断していくための材料であり、恐れを払拭して邁進するための自分の軸でもあるのです。

信宏と実里の一歩5

自分の仕事のあり方、クレドを決める

信宏の事業計画書

信宏は、赤澤が見せてくれた珈琲文明の事業計画書を参考にしながら、ラジオディレクター時代の経験を活かして自分の店のクレド（信条）と、事業計画書の制作を進めた。

両親は信宏のやろうとしていることに対して肯定的だったから、計画書を書かなくても融資してくれる状況ではあったが、信宏は、赤澤の話から、両親を身内ではなく融資元として扱い、事業計画書と返済計画を示し、自分への覚悟を持ちたいと思っていた。その方が、結果的に、カフェ経営も成功するという確信があった。さらに、無事借りていたお金を返し終えたならば、返済に回していたお金は余ることになる。つまり、返しきるところまで頑張れたなら、そこから先の経営にも自信がつくであろうと考えられた。

事業計画書の書き出しとして、カフェの名前は赤澤に会った日に決めた「ペンギンカフェ」とすること、そして、クレドとしてこう記した。

- 常にお客様に対して、そして自分に対して、誠実であり続ける
- 正しいやり方で、嘘のないビジネスをする
- クオリティ、サービス、クレンリネスに対し、常に高い意識を持つ

それから、自分のカフェが目指すものについて書き出してみた。

- 非日常のワクワク感と日常の落ち着き感の同居する店にする
- この店に通っている自分がなんだか嬉しい、質の高い大人になった印象を抱かせる店にする

・知人・友人を店に連れて来て常連客であることを密かに自慢したくなる店にする
・地域を大切にする店にする

「よし、あとは、場所が見つかれば」

計画書をまとめながら、信宏は夢の実現をリアルに思い描いていた。

実里のライティングテーマ

春になり、半年間のアルバイト生活を終えて、晴れて正社員となった実里は、自分のクレドと「やらないこと」について考えていた。

出版社なので、基本は編集を担うことになるのだが、実里がこれからワンオペレーション起業、つまり、フリーランスのライターを目指すのであれば「書く」ということに重きを置いて、経験を積む方が重要に思えた。

有田ゆきに相談すると、「東京では、編集とライターは違う職業として分業されているけれど、編集の経験があることによって、ライターとしての仕事の受け方が変わってくる」と教えてくれた。企画ができて、編集ができるライターの方が、フリーランスとしては必要とされやすいという。

「それに、今は、大手の出版社は正社員ではなく、経験者を契約社員として雇ったり業務委託を行ったりして、仕事をしてもらうことが多いの。仕事の内容は正社員とほぼ同じだから、経験があれば大手に行って経験を積むこともできると思うわ」

それらの情報から、自分が改めて、書き手として何をテーマにしていきたいのか、どういう形態で独立を目指すのか。

そして、クレドについて考えてみた。

中野幸子のようにカフェについてだけ書いていきたいわけではないが、カフェが特殊な空間で、新しい人生を生み出す場所だということは広く伝えたいと思っていた。

赤澤や信宏と関わるようになってから人自体にすごく興味が湧き、何かを目指す大人たちの思いを文章にして伝えたいと思うようになっていた。

「喫茶店って、サードプレイスなんですよ。職場でもなく、自宅でもない、もう1つの居場所。そこに身を置くことで、新たな人生が生まれる場所」

赤澤が言っていた言葉を思い出す。

――もしかしたら、本や記事も、サードプレイスと言えるのかもしれない。

実里は考えていた。職場でもなく、自宅でもない、もう1つの居場所にもなり得るし、もう1つの居場所を探すための情報にもなり得る。

「あなたにとってのサードプレイスはどこでしたか?」

今を輝く人たちに会って、取材して伝えていけたら、とてもやりがいがあるのではないだろうか。さらに、このテーマであれば海外で活動することもできる気がした。

とはいえ、明確なクレドを打ち出せる経験がないことにも気づいていた。

――とにかく、今は、この会社で経験を積もう。クレドを決めるのは、この仕事のことをもっと知ってからだ。

赤澤メソッドまとめ 5

独立するときに、クレド（信条）を決め、
やらないことを決めることで、
やるべきことがより明確になる。
人の言葉は必要以上に受け取らず、
ひたすら我が道を進め！

エピソード6

うまくいく直前は不安が押し寄せてくる

エピソード6

うまくいく直前は不安が押し寄せてくる

信宏の店探しは困難を極めていた。

と、いうのも、立地についても赤澤の明確なメソッドがあり、それを可能な限りクリアした場所で店を開きたいと思ったからだ。出店するエリアが決まるまで、それはもうヤキモキしたが、赤澤のところを訪ね、はやる気持ちを抑さえ、我慢の日々だった。

「まず、喫茶店を出すエリアとして、病院や大学が近くにあること。病院や大学の周辺には法律で風俗店などは出せないことになっているので、ある種健全なエリアと言えますし、大学がある場所で、しかも、駅から近くて大学までの動線になっていること。その駅を使う人が使いやすく、さらに地元の人たちにとっても使いやすい場所であること。そして、最後は、『ロマンを感じるかどうか』です」

赤澤はそう言っていた。

実際、珈琲文明は、神奈川大学へ向かう道から1本入った商店街にある。さらに、この商店街は非常に繁盛していて、月に1度のドッキリヤミ市も開催され、非常に元気な商店街だ。

さらに赤澤にとってのキーワードは「横浜」だった。

それについては、戦略的な意味はなく「横浜」というワードに惹かれた赤澤が、横浜エリアでたどり着いたのが、この場所だったという。このエリアへのリスペクトと、横浜の文明開化のイメージから、『文明ブレンド』と『白楽ブレンド』が生まれたのだった。

「ロマンと言えば、店内に街灯があって、天井には空が映し出されていて、徐々に夕方、夜になり、また朝が来る仕掛けになっていますが、これもロマンですか?」

「そう、26分のロマンです」

「でもこれらには、結構、お金が必要だったでしょう?」

「そうですね。しかしながら、そういうロマン、必要ですよ。気に入った場所でないと、続かない。どうしてもやりたいこととお客様の驚きや感動で、譲れないものにはちゃんとお金をかける」

「なるほど。こうやって、少しずつ平均点を上回って……いや、だいぶ上回ってますよね」

「ははは。そうなんですよ！　そこ。業界のスタンダードを少しずつ上回る箇所があると、突然、店は抜きん出るんです。ぜひ、信宏さんのお店にも、3つの柱を立ててくださいね」

「3つの1万時間とは別にですか？」

「そうです。こちらの3つとは、店で1つずつがとてもウリになる際立った3つのこと。でもそこにはちゃんと序列があって、珈琲文明なら、まずサイフォンのスペシャルティコーヒー、店内にいるのにちょっと外にいるような不思議な気分を味わえる日常から抜け出せる内装、最後の伏兵が、熱々のルーをたっぷり入れた『カレーパン』です」

「なるほど！　フードは出さないという選択をしながら、カレーパンには仕掛けをしたわけですね」

「そうです。ちょっとだけひねったものでありつつも、表に出過ぎない絶妙な隠れメニューです。揚げてないおいしいパンの中に、熱々のカレーを注ぐオリジナルです。フードといえば、スイーツもひと工夫しました」

「チーズケーキやガトーショコラに加えて、よもぎ餅とかりんとうですよね。まさか、和の味わいがこれほどコーヒーに合うなんて思いませんでしたよ」

「実はすっごく合うんです。でも、他の店がやっていない。そして、提供に時間がからない」

「そうか。そうやって、やらないことの代わりにやることを決めていき、結局は、やらないことがウリになっていく形に」

「そういうことです。戦略とロマンとが交差する場所が出てくるまで、諦めないことです。ちなみに、店の3つの柱とした、サイフォンコーヒー、独特な内装、熱々のルーのカレーパンは、それぞれ、雑誌やメディアで取り上げていただけるコンテンツとなり、際立つものは3つ持つ、という私の考えは正しかったと改めて実感しているところです」

「じゃあ、店の場所が決まるまで、ひたすら、3本柱について考えてみます」

「それがいいと思います。私も、今の信宏さんのように、白楽で店を出そうと決めてから、半年以上かかってやっとこの場所に出会いました。途中、『まあ、ここでもいいかもしれない』と妥協しそうになったこともありましたが、それをしなかったからこそ、『ここしかない』と思える場所で予算通りの金額で開業できました。これは、我慢の勝利。物件だけは、譲ってはいけない。だから、物件が決まる頃には私、不動産屋よりもこのエリアの物件情報に詳しくなっていました（笑）」

――先駆者の存在というのは、こうも、安心感を与えてくれるものか。

信宏はそう感じていた。そして、こう思った。

――自分がやりたいことをやっている人を見つけるということは、未来の自分に会っているということなのかもしれない。未来の自分が、どうしたらそこにたどり着けるのかを教えてくれていることに他ならないのかも。人の縁って、業界って、そうやってつながっていくものなのかもしれないな。

そう考えたとき、ふと、ラジオディレクターを目指していた頃の今の実里くらいの年齢の自分を思い出した。あの頃の自分も紆余曲折したが、夢はかなった。

――いずれ、ラジオの仕事とカフェがつながる時が来るだろうか。

❖

一方実里はというと、自分が掲げた夢が、ある種、大いなる妄想であることに気づき、現実とのすり合わせに追われているようだった。

赤澤が言っていたとおり、最初に夢を掲げたときというのは、何もわからずに机上の空論を言っているだけ。「ライターになって、世界を飛び回り、執筆したい」と思いついたときの自分は、まだ業界のことについて、自分の腕1つで食べていくことについて何も知らない子どもだったのだと気づいた。

最初は、あふれんばかりのやる気だけで向き合い、こなし、原稿チェックが非常に厳しいデスクに、赤字で「意味がわからない、やり直し」とひとこと書かれて、原稿を戻されても、塞ぎ込むこともなく自分の腕を磨いていた。

というのも、合間合間で、赤澤や信宏が、「最初は誰もが素人だから、最初から上手い人なんかいないから」と励ましてくれたからだ。

しかしながら、アルバイトとして半年、正社員になって3カ月を過ごし、少しだけ内情が見えてくると、目指している大先輩の有田ゆきや中野幸子が、とてつもなく遠い世界にいる人間なのだということが実感できてきたのだ。

まず、一ライターで、編集部勤務の場合、自分の本を書く機会はまず得られない。さらに、有田のように、自分の名前でノンフィクション作品を書籍にできる人間というのは、本当に限られる。書籍が出せるのは、むしろ、ライターであるよりも、何かの分野の第一人者であるとか、小説家の方なのだ。

そう考えると、ライターとしての目標をどう定めていいのかがわからなくなりそうだった。もちろん、取材やライティング自体は非常に面白く、腕を磨く必要性も感じていたから、やりがいはあったが、「自分の1万時間をどのように積み上げていくのか」ということを考えると、時折不安に襲われるのだった。

後日珈琲文明で、赤澤と信宏に伝えると、2人は大きくうなずいてそれぞれこう話してくれた。

「最初から天才だったほんの一握りの人を除けば、プロとして活躍している人というのはやっぱり、続けた人だと思います。そこから独立できる人というのは『経営者視点』を持てた人。実里さんはこの9カ月、その思いを持ってやってきたわけですから、技術というのはついてきますよ」と赤澤。

「書籍を出す、ということよりも、今あなたにできている、書いて伝えること、あなたの先に読者がいることを忘れないことが大事。僕も、リスナーが求めるもの、マスについて考えながら制作をしていたことが、今、カフェを開こうと思ったときに非常に役に立っているんだよ。自分の思いだけで突っ走るのではなく、我々の先には、リスナー、読者、そしておいしいコーヒーを求めてくる人がいる。見なくてはならないのは、我々は、情報とリスナー、情報と読者、そして、空間とお客様の間に立つ人間として、何を媒介させるのかということだからね」

信宏の言葉を受けて、赤澤がこう言った。

「業界のことが見えてきて、自分がやりたいことが現実になってくると、壁にぶつかったり、不安になったりするものです。今日はそれについてお伝えしましょう」

マスターの授業6

うまくいかないときの心のあり方の授業

居場所がないという体験はその後に生きる

私が珈琲文明を開いて、忙しそうにしているのを見る方の中には、「人生順風満帆《じゅんぷうまんぱん》だね」と言う方もいらっしゃるのですが、とてもではありませんが、そうではありませんでした。

特に、人生をかけたメジャーミュージシャンへの道を、自分の決断で、一度フイにしたことは、自分にとって大きな打撃でした。もはや、生きている気力がなくなるほどに落ち込み、しばらく這い上がれる気がしませんでした。

やっと職探しを始める気になったときは34歳。そう、転職活動でも「年齢35歳まで」というボーダーが引かれる時期なので、この時期に、サラリーマンになろうとする芸術家もよく見かけます。

しかし、それがなかなか難しい。

実里さんが経験者募集ばかりで求人がない、と言っていたのと同じように、この年齢まで音楽しかやってこなかった私が、どれだけハローワークに通って、自分の情報を入力しても、そこに映し出される求人件数はいつだって「0」でした。

そう、もはや社会に私の居場所はなく、必要とされていないのだと、言われているかのようでした。そのうち、散歩をしているときに目に留まったのが、某大手塾の社員募集の看板でした。

「そうだ、塾講師としての12年の経験なら、経験として扱ってもらえるかもしれない」と考えて、直接塾に問い合わせをしたところ、正社員として、雇ってもらえることになりました。ところが、半年間は雑用。この塾はものすごい勢いで教室数を増やしていた時期でしたから、他の若い社員は、入って2週間くらいでどこかの教室長として配属されていました。少なくとも、1カ月も行き先が決まらないなんてことはなかったのですが、私だけはどこにも配属されませんでした。

「ああ、これは、入れてはもらったけど、肩叩きだな」というのは感じていました。ですが、他に行き場もないから辞められもせず、半年経ってようやく言い渡されたのが山梨の山奥の新しい教室の立ち上げ。事実上、左遷だったと思います。ですが、1つ良かったのが、土曜日に山梨行きを告げられて、月曜日にはもうその教室にいなくてはならなかったことです。人って、考える時間があると、良からぬことを考える傾向があります。特に不安を抱えているときは。ですから、ある意味、無理やりその場所に突っ込まれるということは、時に、自分を救う手立てだったりもするのです。

実際、新しい木の匂いに包まれた、真新しい教室は、自分の中でも「ゼロ地点」という感じがしました。ここからすべてをやり直そう。そう思える場所に出合えたなら、そこが自分に向いているのかどうかよりも、踏み出す方が良いと思います。

どん底を経験すると人間はへこたれない

40代まで生きてきた人というのは、何かしらの「どん底」を経験しているのではないでしょうか。時として、夢を追いかけて破れた経験であったり、大恋愛の末別れてしまった経験であったり、逆に何にも心を動かされず漫然と働き続けた結果手にしてしまった大きな未来への不安であったり。人それぞれだとは思います。

何かしらの不安を抱えて生きているとしたら、それは、ある意味では正常な状態かもしれません。

私たちの生きる社会は、そして、会社に勤めていても、もはや、何も保証されていない状態です。一昔前の、会社に入れば人生一安心、という状況ではないのは、誰もがわかっていて、でも直視できないわけです。

直視したらしたで、そこから積み上げていかねばならぬものの大きさに、面食らって、踏み出すのが怖くなるかもしれません。

そんなとき思い出して欲しいのが、40年間の人生の中で起きた一番苦しかった出来事です。大抵は、それに比べれば、自分がもう一度やりたいと思うことをやるための一歩を踏み出す方が、怖くないはず。「あれに比べたら、全然へっちゃらだ」と思いながら、踏み出していく。それもある意味、自分へのエールです。

信宏と実里の一歩6

不安や行き詰まりを解消する

信宏の店探しの行く末

物件が出てくるのを待って半年。やっと「ここだ」という物件が見つかった。

信宏は、この半年で各地を歩き回り、店を出すエリアは、大学時代に住んでいて土地鑑のある阿佐谷《あさがや》に決めていた。大きな総合病院があるため、治安も安定しているし、賑わう商店街もあり、客層も落ち着いている。

駅から少し歩くものの、住宅街で、駅を使う人たちが通る道沿いだ。

――これなら赤澤メソッドにもぴったり合う。

契約を済ませて立ち上げの準備を進めることにした。工務店は、地域連携で、地元の人にお願いしようと思ったが、そこで問題が出てきた。こちらが、その業界のことを知らないためか、見積もりがいつまで経ってもあがってこない。あがってきたと思ったら、こちらが提示していた予算の2倍の額での見積もりとなり、とてもではないが、予算オーバー。ここにきて、非常にストレスを抱える状況になってしまったのだが、その度に信宏はこう呟いた。

「人生を見失った頃に比べたら、全然まし」

そう思うと元気が出てくるのも事実だった。

結局、地域連携を諦めて、ラジオディレクター時代に一緒に仕事をした仲間で、空間デザインを手がける会社を立ち上げたミュージシャンでもある人に、内装の相談をしたら、心よく引き受けてくれた。内装イメージも、珈琲文明とは違う視点で、多くの人に愛される空間を生み出したいと思った。

ペンギン・カフェ・オーケストラの音源を渡して、「これに合う内装にして欲しい」というオーダーを出した。ミュージシャンだからこそ、多くの説明はいらないと思ったし、実際にあがってきたデザインは信宏も納得の美しい内装で、しかも費用も予算内。

回り道をしながらも、ベストな状態で、カフェが生まれることになったのだ。

実里が感じた「続けること」の意味

実里のモヤモヤした思いに回答をくれる人間が出てきた。書籍で一緒に仕事をした50代のイラストレーターの今野美幸だ。今野は、イラストレーターとして活動しながら、イートプランナーとしてイラストレシピ本を出版するなど、活躍していた。

「私、フリーランスでいずれ独立して、自分が伝えたいことを書籍にして、世に出したいと思っているんです」と実里が相談すると、今野はこう答えた。

「私は、デザイン系の専門学校でイラストを学んだのだけれど、その頃、イラストを描く仲間はたくさんいたんです。私よりも絵が上手い人はたくさんいましたよ。でも、結局イラストレーターになったのは私だけでした。それは、結局、やり続けたから以外に理由はないんです。文章もそうじゃないかしら。上手かどうかよりも、その道で生きていくと決めて、やり続けた人間だけが、残っていけるのではないでしょうか」

実里はその言葉に大きな力をもらった気がした。今野はこう続けた。

「もちろん、上手であることも大切だとは思いますが、私にとっては、それよりももっと大切だったのは、自分が描くことが好きだったこと、あと、色とりどりの食卓が元気をくれることを伝えたいと思ったことなのです」

「伝えたいものがあって、そこに向かって続けていくことでプロになれるということでしょうか」

「分野にもよるかもしれませんが、その明確な意図があって、日々経験を積み重ねていけば、ステージは違ったとしても、食べていくことはできるようになるのではないでしょうか。これは、私の体感ですけどね」

――そういえば、マスターが、「最初から天才だったほんの一握りの人を除けば、プロとして活躍している人というのはやっぱり、続けた人」って言っていたっけ。

その日から、実里は、自分の道に不安を感じることなく、とにかく、1万時間の積み上げを頑張ろうと心に決めたのだった。

赤澤メソッドまとめ

6

順調だったことが行き詰まるときは、
やりたいことがなくてもやもやしていた時の気持ちや
人生そのものに絶望していた頃のことを思い出す。
あと少しだけ前に進めば、　必ず光が見えてくるから。

エピソード7

願いがかなうとき

エピソード7

願いがかなうとき

信宏のカフェはいよいよオープンを前にしていた。

デザインだけでなく機能性も重視した。

総合病院が近くにあるため、体の不自由な方のことも考え、メニューやシュガーポットには点字表示を行うことにした。また、化粧室への動線には椅子やテーブルを並べない余裕のある空間にした。

さらに、バリアフリーにし、ベビーカーが置ける場所を確保して、トイレ内にもチャイルドキープを設置。信宏が目指す「地元阿佐谷を大切にする店」が出来上がっていった。

サイフォンを使ったスペシャルティコーヒーをフラスコで出す赤澤のやり方を軸に、独自性にも力を入れた。ペンギンを使ったロゴに、ペンギンのラテアートを施した

『ペンギンラテ』はインスタ映えを狙い、カウンターには電源を設置してノマドワーカーたちを支援できるようにした。

——1人で頑張る者たちを支援したい。

という思いからだった。

珈琲文明から受け継いだサイフォンのコーヒーは顕在。しかし、オリジナルの要素として、ガスではなくハロゲンランプを使用。カフェの雰囲気にはこの方がしっくり来ていた。また、コーヒーカップは、可愛らしさと落ち着きを感じさせる沖縄の「やちむん焼き」を取り寄せた。

「男性がオーナーの場合は女性性を、女性がオーナーの場合は男性性を付け加えて、バランスを取ると、どんなお客様も入りやすい店になる」と赤澤がアドバイスしていた。居酒屋ではないが、コーヒーの付け合わせに煮豆を提供することにし、これは後々ヒットすることに。

さらに、赤澤の店を最初に訪れた日に決めていた、ペンギン・カフェ・オーケストラの音源をBGMに使用。音響機器は真空管アンプとタンノイ製の木製スピーカーを使用し、こだわりと落ち着いた雰囲気を演出。オーディオに詳しい客を唸らせる設備。そして、信宏自身が居心地良い場所になる。これが、信宏にとっての「戦略と情熱の交差点」だった。

開業したその日は、身内には知らせずにじっと客が来るのを待った。1号目の客は、近所に住む初老の女性だった。第1号のお客様に、感謝の手紙を渡すのも、赤澤に倣ってのことだった。

こうして『ペンギンカフェ』は、期限を決めたあの日から1年2カ月でオープンしたのだった。やがて、店の常連に実里も加わった。

同時に、赤澤の喫茶店開業の授業は終焉を迎えていた。

——これからは、日々研究しながら、クレドを守り、10年、20年続けていくことこそ、マスターへの恩返しだ。

❖

一方、実里は、今だからこそできるガムシャラをとことん堪能していた。信宏が実際に、店をオープンして見せたことで、さらにやる気に拍車がかかっていた。

埼玉に住むようになってからは、なかなか、赤澤の店には通えなくなっていたが、もうへこたれることもなく自分の道をまっすぐに目指していた。

出版社内では、書籍の編集に携わりながらも、社内で発行するウェブマガジンのコンテンツをまとめる仕事にも従事し、自ら企画した「私のサードプレイス」というタイトルのインタビューコーナーで、会社でも自宅でもない場所を得たことが夢をかなえるきっかけになった人たちを取材し、執筆の腕も磨いていった。

日々楽しそうに、しかも本気で突き詰めていく実里に同調するように、周囲の状況が変わっていった。まず、父親が仕事の話を聞いてくるようになった。さらに、母親は、すっかり実里に感化されて、生花の教室を開き、いずれアレンジメントを教えるために教室に通い始めた。付き合っていた彼は、実里を見ているうちに、自分がもともと庭師に憧れていたことを思い出し、サラリーマンになった今からでもそれをかなえる方法はないかと、調べ始めていた。

ライターの大先輩である、有田と中野とは、本当に先輩後輩のように仲良くなり、2人を引き合わせた結果、3人での交流が始まっていた。業界を目指して邁進する実里の姿は、ベテランが原点を思い出す良いきっかけになったようでもあった。

いつの間にか実里の前に「そんな夢みたいなこと」と言う人間がいなくなっていた。

――ああ、出過ぎた杭は打たれないって、マスターが言っていたっけ。私も出過ぎてきたのかな。それにしても、本気って本当に伝染するんだなあ。

やりたいことを仕事にする。

ワンオペレーションで夢をかなえる。

その方法を、1つずつ身につけていく実里もまた、赤澤の生徒からの卒業の時期だった。

マスターの授業7

ロマンと現実の交差点を見つける授業

雇わず、雇われずに生きていける

人生は1度きり。

だからもっと思い切って直接的に物事の全工程に関与し、全責任を負い、己の意思を貫き通して人生を終えたいという思いが、私をここまで動かしてくれました。

仕事の仕方は時代によって変わっていきますが、現在ほど、雇われていることに頼れない時代は、これまでなかったのではないでしょうか。

時折、「独立するなんて怖くてできない」という声を聞きます。

そんなときこそ、今という時代をしっかり見てください。

昇給も見込めない会社も多く、ボーナスや残業手当にも頼れないという人も増えています。40代のリストラなども実際にはある。雇われていることが安心できる時代ではありません。

副業を解禁する企業が増えて来ているのも、時代を物語っています。終身雇用の時代はもうとっくに終わっているということ。感覚だけがついて来ていないという人も多いかもしれませんが、60歳でリタイア後、仕事がなく、100歳まで生きることを考えたとき、元気である限り仕事を続けていけるワンオペ起業は、あながち、不安定でもないのです。

とは言え、起業ですから、100%うまくいく方法というものは存在しません。しかしながら、100%失敗する方法はあります。それを把握して、しっかり準備し、積み上げた起業は強い。私はそう思っています。

と言うと、「個人事業主は、保証がないし、倒れたらどうするのか」という声も上がるかもしれません。しかし、一方で、病気になったとき会社で働き続けられずに苦悩する人の話もよく聞きますから、これについては、どちらも同じ土俵なのではないかと思うのです。

また、ワンオペでの起業はそもそも、一攫千金《いっかくせんきん》やギャンブルのような起業ではありません。1人で続けていける事業体を目指すことを目的としています。そして、それは、可能です。

断言するのは、私がそこを目指して開業し、13年間、日々幸せに、続けてこられたからです。

本当の夢の実現は目指したものの先にある

40代を過ぎたなら、誰しも、何かを諦めたり、方向転換したりした経験があるのではないでしょうか。それは、挫折ではなく、道程なのだと、今は断言できます。

私が、人生の半分を懸けた音楽生活。自らの意志ではありましたが、メジャーデビューを反故にした人生最大の挫折。再起不能な感じでした。人間壊れるんならあのタイミングだろうなというのは、今振り返ってもそう思います。

でも、音楽をやめようとは一切思いませんでした。そして「僕は昔、メジャーから声がかかったことがある」なんて、遠い目をして語る人生も嫌でした。

実際私が、バンドはその後もずっと、続けているし、珈琲文明をオープンしてからは、毎月1度、閉店後にアコースティックライヴを開催。昨年で150回に到達しました。

珈琲文明で、ギターを鳴らして歌い、自分の音楽を聴いてもらえる。改めて、自分の本当の夢の目的地はここだったのだと思います。今の所は。

また、ミュージシャンであることはいろんなところに良い影響をもたらしました。もちろん、アコースティックライヴを毎月楽しみにしてくださるお客様がいることもそうなのですが、テレビの取材で店に来ていただくときに、制作側の意図を理解しながら、ただ取材されるのではなく先方の必要なものを感じて動くことができること。ステージ慣れしていることもあって、カメラを向けられても動じずにいられること。さらに、レポーターがミュージシャンであった場合、音楽の話でも盛り上がれることなどです。こうして何かしら毎月のようにメディアが取り上げてくださるようになりました。

諦めた夢も、方向転換したことも、すべてが今の自分を作り上げた経験です。むしろ、40代になったときに「よし、じゃあ、これらの経験を活かして、自分のやりたいことで生きていこう」と思えたなら、これまでの道は1本につながり、人生は好転します。

ただし、過去が未来をより一層輝かせてくれるのは、挫折によって「動かない」と決めるのではなく「じゃあ、何をしようか」と自分に尋ねてみた人だけ。

大事なのは、自分は変われると信じること。

それから、決断をして、動くこと。

「望む」というのは、それだけで人生を変える力です。そして、そこに向けたチャレンジは、非常に大変なように見えて、期間限定。もちろん達成した先にはまた新たなチャレンジが出てきますが、独立まで漕ぎ着けた頃には、チャレンジが楽しくなっているはずです。

信宏と実里の一歩7

過去がすべて未来になる

信宏の開業2年目の思い

――開業に向けた1年の頑張りは無駄ではなかった。

2年目のオープン記念日を迎えた信宏は、開店前の自分の店を外から眺めてしみじみと感じていた。

親に借りたお金は順調に、返済できるだけの収益を出せているし、何と言っても、僕自身が「ここは、自分の居場所」と感じられる場所に今いることに感動していた。

この場所は、ある意味、城であり、基地であり、人生の拠点でもあるのだった。

赤澤に出会ったときに決めた3つの1万時間も、カフェの立ち上げ準備から運営までの3年間で超えようとしていた。

ペンギンカフェには、信宏が考えていた通り、近所や病院帰りのお年寄りから、赤ちゃん連れのママたち、ノマドワーカーの若者たちなど、さまざまな世代が集うようになっていた。

――コーヒーを待っている間、子どもが手持ち無沙汰にならず、楽しんでもらえるものは何かないだろうか。

信宏はそう考えていたのだが、答えは簡単に見つかった。以前から手に入れたいと思っていた、ロボット犬のアイボだった。看板犬や看板猫だとアレルギーの問題などで、店に来られない人が出てきたり、匂いや排泄の処理などで苦情がきたりする可能性もあるが、アイボであれば、そういった心配もなく客に楽しんでもらいながら、交流してもらうこともできる。

そう思って、さっそくアイボを店のマスコットとして置いてみることにした。ペンギンと犬の意外なコラボは、すんなり客に受け入れられ、母親たちがおしゃべりをしている間に子どもがアイボに夢中になって遊んでくれたり、1人で来た客同士が言葉を交わしたり、ペンギンラテと同じく、アイボを撮影してインスタに上げてくれる人が出てきた。

そうすると、ペンギンカフェには「アイボのいるカフェ」というもう1つの名前ができた。アイボには一定のファンやマニアがいる。オーナーも交流したがっていて、自分のアイボを連れてカフェにやってくる客が出始めた。店の内装をかなりゆとりのある作りにしているため、1人で寛《くつろ》ぎたい客の邪魔をすることもなく、ペンギンカフェの新しい柱になっていた。

――みんな、交流したがっている。ならば、日曜日の開店前の1時間、アイボのオーナーの触れ合いの会を開催してみてはどうか。

もともと、リスナーの要望を汲み取り、企画にしていく仕事をしていただけに、新しいアイディアは次から次へと出てきた。こうして、カフェで行われるアイボオフ会は毎週大盛況となり、店の名前は知られることになった。アイボの購入を検討している家族連れが遠方から訪ねてくることもあった。

さらに、別の新たな柱は育っていた。

カフェには、ラジオディレクター時代の同僚や、関わりのあった人たちが、自分の時間を持ちに訪れるようになっていた。そのうち、こんな話が出た。

「公開録音できるカフェを探しているのだが、一緒に何かやらないか」

それは願ってもない話だった。

一度は行き詰まりを感じて、その世界から足を洗った人間が、挫折を経験し、新たに挑んだ人生をかけたカフェ運営。その夢がかない、1万時間を超えたとき、過去の経験も今に戻ってきたのだった。もちろん、申し出を受けない手はなかった。

――そういえば、マスターも、ミュージシャンを本気で目指したあとで塾講師をし、喫茶店をスタートさせてからは、月に1度自分の楽曲やカバー曲を披露するアコースティックライヴを開催している。塾講師としての能力は、カフェを立ち上げたいとマスターの元を訪れる人たちのために存分に活かされている。

人生を重ねてから夢を持ち、行動し、つかんだからこそ、過去のすべてが財産となって今に押し寄せてくる。信宏は、人生の醍醐味《だいごみ》と、豊かさを感じていた。

「『40代よ、大志を抱け！』だな。これはもう絶対にそうだな」

思わずそう呟いていた。

実里の社会人3年目の思い

実里が出版社のウェブマガジンで連載をしていた「私のサードプレイス」のアクセス数が伸び、実里は書籍の編集から抜けて、ウェブマガジンの副編集長を任されていた。仕事の流れもつかんできた3年目の秋、実里は出版社をあっさりと辞めた。もちろん、その仕事ぶりは評価されていたから、引き留められはしたが、実里は自分が目指す道に向かって、迷いなく進んでいた。

赤澤が言っていた「チャンスが来たとき、動けるお金は可能な限り貯めておいたほうがいい」という言葉を受けて、出版社への就職後、1人暮らしをやめて、都内から少し離れた実家も近いシェアハウスに住むことで家賃を浮かしながら、土日は実家でご飯を食べるなどし、可能な限りお金を貯めていた。さらに、外国人の多いシェアハウスを選んだことで、日々英会話の時間を設けることができた。

この2年半、実里は常に、自分がいずれ独立して、フリーランスのライターとして活動していくことを想定しながら活動を続けていた。だから、ウェブマガジンの仕事では、カメラマンの撮影の仕方を見て学びながら、自分で一眼レフを手に入れ、写真の学校に半年だけ通って、基本的な使い方を学んでからは、撮れる範囲で撮影と取材を手掛けるようになった。

頑張っている娘の姿を見て、父も応援してくれるようになっていた。

母は実里にも負けず劣らずの進化を遂げていて、池坊と英国式のフラワーアレンジメントの両方を教えられる先生として活躍していた。実里は、母の教室のフライヤーの制作を手伝い、アレンジメントの写真を撮影させてもらうことで写真の腕も上げていった。

これは、中野幸子の仕事ぶりを見ていたから、目指せたことでもあった。

中野はこれまで何冊ものカフェの本を出版しているが、美しい写真はどれも中野が撮影していたから、書き手が、自分が見て感じた空間を撮る写真を撮影できるようになっていったのだ。実里もまたそこを目指していた。

会社を退職し、実里は、貯めたお金を使って、ニューヨークへ留学することにしていた。単なる語学留学ではなく、計画していたライターとしての独立のときでもあった。

ウェブマガジンの仕事は、そのままフリーランスで継続させてもらい、「私のサードプレイス」の企画の場をニューヨークに移した。ニューヨークで働く日本人が、自分の第三の場所にどうたどり着き、どう人生を変えたのか。それを日本語と英語で伝える記事を書いていくことにしたのだ。さらに、有田ゆきや中野幸子のサポートで、他のウェブマガジンなどの編集部につないでもらい、いくつかの仕事を携えての留学だった。

これも、ウェブマガジンを担当させてもらうときから考え始め、その準備を粛々と進めてきたのだった。

――今ならわかる。私のクレドは、自分の力で人生を変えた人たちの姿を、この目で見て話を聞いて、自分自身がワクワクしながら、それを世の中に伝えること。そして、この活動をしながらも、自分が大切にしている人たちとの時間やカフェでの時間を持って、幸せでいられること。

学生時代から付き合っている彼とは、ニューヨークで一緒に暮らすことにした。

実里の姿を側で見ながら、自分の道を模索し始めた彼は、その世界では名の知れた庭師に弟子入りし、そのツテで、海外で日本庭園や日本料理店などの内装を手がける会社で、働けることになっていた。

端から見ればラッキーに見えるそれらのことはすべて、4年前、珈琲文明で出会った、夢をかなえたおじさんと、夢をかなえようとするおじさんからもらった、バトンのようだった。

赤澤メソッドまとめ 7

過去が1本につながる。
それは、やりたいことをあきらめた人が
勇気を出してもう1回、
やりたいことに手を出したとき。

エピローグ

セイムオールドサードプレイス

エピローグ

セイムオールドサードプレイス

ペンギンカフェの開業から5年が経ったある日、信宏と実里は東横線の白楽駅の改札で久しぶりに顔を合わせた。

「やあ、実里ちゃん、アメリカからは一時帰国?」

「そうなんです」

昔、毎日のように通った、珈琲文明までの道を並んで歩く。

「いやあ、すごいよね。話していた通り、アメリカで日本人向けの取材を、たくさんやってるんだよね。さらに、ニューヨークのルーフトップカフェで、好きなことを自分で始めた女性たちに話を聞いたインタビューを本にまとめて出しちゃうなんて。おじさん、驚きだよ!」

「そういう信宏さんだって、今や、ラジオ『ペンギンカフェ』が大好評らしいじゃないですか。さらに、フェイスブックでもコメント残しましたが、ご結婚されたんでしょう？　おめでとうございます！」

「ふふ。そうなんだよ。カフェのブログを始めて『ちなみに、独身です』って書いたら、常連さんが『私も独身なんですよ』って声をかけてくれて」

「やるぅ」

「実里ちゃんも、だって、彼とはニューヨークで今度結婚予定なんでしょう？　素敵な写真をいっぱいSNSに載せてるじゃない」

そんな近況報告をしているうちに、珈琲文明に到着した。

何も変わらないその場所の、ドアを開けると、懐かしい「カランカラン」という音がした。

「お好きな席におかけになって……ああ、実里さん！　お帰りなさい。信宏さんも、お待ちしていました」

懐かしい声がした。

「それにしても、ここに来て、ラジオとカフェが本当に交差しちゃうなんて、マスターの言った通り、夢っていうのは、あとになって1本につながっていくものですね」

サイフォンで赤澤がコーヒーを淹れ、カウンターに座った2人が並んで待っている。

昔は毎日おなじみの光景だった。

今は夢をかなえた3人が、互いの健闘を称え合う時間だ。

久しぶりに、赤澤がサイフォンで淹れるコーヒー。

一気に、夢を思い描いたあの頃に気持ちが戻る。

「よく、ここまで来たなあ」

信宏と実里がほぼ同時に、同じ言葉をつぶやいた。

コーヒーの香りと味を楽しむのも束の間、店にいた客が席を立ち、会計を済ませて帰って行った。店内に、赤澤、信宏、実里の3人だけになったところで、赤澤が、入口のドアの札を、オープンからクローズドに差し替えた。

「さて、準備を始めましょう」と信宏が言うと、赤澤と実里がうなずいた。

❖

やがて、何やら機材を抱えた音響系のスタッフらがゾロゾロと入ってきた。

「今日はよろしくお願いします！」

実里と同じ年齢くらいの若い男性が、名刺を持って赤澤に話しかける。

「信宏さんからお話はかねがね伺っています。今日はここから放送できるなんて、光栄です」

青年が深々と頭を下げる。

「いえいえ、こちらこそ、素敵な機会をありがとうございます」

赤澤も名刺を受け取って丁寧に頭を下げた。

やがて、ラジオ『ペンギンカフェ』のパーソナリティを務める女性が現れた。

「あ、幸子さん！　お久しぶりです！」

実里がその女性に話しかける。

実里にライターの先輩として助言を続けた中野幸子だ。

中野は、実里の行動力に感化されて、カフェ取材から仕事の幅を広げるべく、書籍やウェブマガジン以外の媒体を模索。実里が信宏に紹介したところ、意気投合し、週に1度、深夜の枠で放送するラジオ番組『ペンギンカフェ』のパーソナリティとして活躍していたのだ。

「あ、実里ちゃん、お帰りなさい、ニューヨークはどう？　楽しそうね」

さらにそこに有田が現れ、3人は、久しぶりの挨拶を交わし、ラジオの公開収録の準備は着々と進んでいく。

準備が整うと、赤澤が店先の札をクローズドからオープンに戻し、すでに商店街に行列を作っていた客を招き入れた。

「お待たせいたしました」

ゾロゾロと、客が入ってきて、小さな店はあっという間にいっぱいになった。

録音までの時間は、歓談の時間。赤澤がコーヒーを淹れると、たちまち店内が豊かな香りに包まれた。

❖

ひととおりコーヒーを淹れ終えて、赤澤が準備をして店の奥に設置された小さなステージの椅子に座り、ギターを持ってスタンバイすると、公開収録が始まった。

ペンギン・カフェ・オーケストラの曲で始まるオープニングのあと、『ペンギンカフェ』のタイトルコールがかかる。

それが終わると同時に、中野幸子がマイクに向けてこう話し始めた。

「さて、日本全国の素敵なカフェにお邪魔して、ゲストをお呼びしながら展開する『ペンギンカフェ』ですが、今日は、神奈川県横浜市神奈川区白楽にある、珈琲文明からお届けします。普段は外部から今旬なアーティストをお呼びしての公開収録なのですが、今日のゲストはちょっと特別。

本日でオープンから15年目を迎えた珈琲文明のマスターであり、ミュージシャンでもある赤澤智さんを、ゲストとしてお迎えし、お話を伺っていきたいと思います。

その前に、まずは1曲、赤澤智さんの曲を、ここで生演奏していただけるということになっております。この曲はね、喫茶店で過ごす人たちに、会社でも自宅でもない、もう1つの居場所を得て、人生を素敵な時間に変えていって欲しいという赤澤智さんの思いが込められた曲です。それでは、本日の1曲目。赤澤智で『セイムオールドサードプレイス』」

曲のコールが終わると同時に、赤澤がアコースティックギターを奏で始めた。

子どもの頃見た無垢《むく》で清らかな夢は
真っ直ぐで美しく
その夢は歳月《とき》を経て形を変えて
複雑に反射する
やがてそれは複雑に機能しはじめ
多くの人に届くこともある

透明のお湯は琥珀《こはく》色に変わり
ほろ苦く深い味となる
透明には戻れないけれど
僕はむしろ彩《いろどり》の中で生きたい
綺麗なだけじゃない複雑な色を放ち

それが人に届くこともある

The same old third place
家庭でも職場でも　学校でもない
at the same old third place
しばしここでコーヒーを飲んでいこう

The same old third place
地位も年齢も性別も違う人が集う
at the same old third place
いつも変わらない場所で飲んでいこう

あとがき

「喫茶店の立ち上げマニュアルを本にしたらどうですか？」

そんな話は以前からたくさんいただいていました。塾講師の経験をフルに活かして、喫茶店経営をマニュアル化したら、本当にたくさんの人にそう言ってもらうようになりました。

でも、なんだろう、なんかしっくりこなかったのです。

ただ、マニュアル化するだけだと、たくさんの人たちの夢が、ただ夢に終わるような気がしました。

今回、本書に出てくる信宏と実里のストーリーは、実話を基にしたフィクションです。物語の部分に関しては、以前珈琲文明の取材に来て「メソッドが面白い」と言われていたライターのＭＡＲＵさんにお願いして、取材してもらいながら、骨子をまとめていただきました。

「フィクションだけど、かなりノンフィクションだよね」という内容になったため、登場人物や店の名前も多くは実名で展開することにしました。そうすると、なんだか自分で、赤澤物語を書いた気恥ずかしい感じになってしまったのですが、それが臨場感を持って、読者の方にメッセージとして伝わるなら本望です。

実際にこうやって夢をかなえていった人たちがいることを、知ってもらいたかったから。そう、受験に失敗して人生を早々に諦めた子どもたちにも、この先どうなるのかなと悩むサラリーマンにも、知って欲しかったのです。

まだ先があるってこと。

また、この本の1つのテーマでもあった「サードプレイス」。自分が普段過ごす以外の場所で、心地の良い空間を持てると、不思議と人生って変わり始めます。旅行に出掛けたときに感じる「新しい感覚」に近いかもしれません。

まだ終わりじゃない。

だから、この本を閉じたら、ぜひ、あなたのサードプレイスを探してください。そこからきっと夢が生まれてきます。昔やりたかったこと、一度は諦めたこと、それらが今ならできるかもしれない。そう信じて、新天地へと一歩踏み出して欲しいと願います。

最後に、僭越《せんえつ》ながら、僕からこの本を手に取ってくださったあなたに、応援歌を送ります。

では、聴いてください。
「あかざわさとる」で、『セイムオールドサードプレイス』

2020年4月吉日

珈琲文明　店主　赤澤　智

セイムオールドサードプレイス

楽曲が聴きたい方はこちらへ
（動画を再生します）

赤澤 智 あかさわさとる

立教大学経済学部経営学科卒業後、メジャーデビューを目指してバンド活動をしながら12年間塾講師として活動。34歳でメジャーデビューの道を一度方向転換し、大手学習塾の教室長兼エリアマネージャーとして4年半働いた後、横浜市白楽に喫茶店『珈琲文明』をオープン。喫茶店とワンオペ起業を研究し尽くして生まれた店は、多くの人に愛され、土日は行列が絶えない盛況ぶり。研究の成果を業界に還元すべく『カフェラボ』を設立し、ワンオペレーションで喫茶店を開く人のための講座やオンラインでの指導にあたる。シンガーソングライターでもあり、自身が主宰するバンド『コブラツイスト&シャウト』(2020年現在結成26年にして未だ現役のバンド)でこれまでにCDを9枚リリース。

『カフェラボ』https://www.cafelabo.net/

取材協力：ペンギンカフェ
街の灯台 喫茶ファロ

人生《じんせい》に行《い》き詰《づ》まった僕《ぼく》は、喫茶店《きっさてん》で答《こた》えを見《み》つけた

令和2年4月10日　初版第1刷発行

著　者　赤澤《あかざわ》　智《さとる》
発行者　辻　浩明
発行所　祥伝社《しょうでんしゃ》
〒101-8701
東京都千代田区神田神保町3-3
☎03(3265)2081(販売部)
☎03(3265)1084(編集部)
☎03(3265)3622(業務部)
印刷　萩原印刷
製本　積信堂

ISBN978-4-396-61723-3 C0095 Printed in Japan
祥伝社のホームページ・www.shodensha.co.jp